日本史探訪

# もう一つの歴史をつくった女たち

樋口 清之

編集協力
歴史再発見研究会

◆目次◆

# Ⅰ部　吉原・大奥　色香の世界と女たち

## 吉原

## 大奥

## Ⅱ部 後世に名を遺した 賢女・烈女・市井の女たち

※本書は『女の知恵が歴史を変えた』（一九九八年　ごま書房刊）に加筆、再編集したものです。

# Ⅰ部

# 吉原・大奥
# 色香の世界と女たち

# 遊廓《ゆうかく》から、すぐれた江戸文化が生まれた

江戸時代の吉原遊廓は、町人の自由な社交場であり、ここを土壌にして多くの江戸文化が開化したといってもよい。

吉原へ入るときには大小の帯刀を禁じ、大名も武士も町人もすべて同じ扱いを受けた。ここだけは権力も階級も認めない、四民平等の別天地だったということである。ただ〝金〟と〝恋〟と〝粋〟と〝意地〟がモノをいう世界であった。

金を持って粋に振る舞う町人がここでもいちばん尊敬され、武士は、〝浅黄裏《あさぎうら》〟とか〝武《ぶ》様《さま》〟とよばれ軽蔑された。武士は威張ってばかりいるだけで無粋《ぶすい》だからであろう。

文化や芸能は抑圧された世界からは生まれてこない。涸《か》れた風土では、文化の芽は育たないものである。

吉原では、人びとはあらゆる権力の抑圧から解放され、町人の自由な気風が支配していた。その意味で、吉原はこの時代の文化や芸能や教養の原動力となったといって過言ではは

ない。吉原遊廓がなかったら、絢爛《けんらん》とした江戸文化があれほどまでに開花はしなかったであろう。

遊里を考える場合、ふつう、虐げられた女性の犠牲ばかりが強調されがちであるが——もちろん、そういう事実があったことに目をおおってはならないが——そればかりではあまりにも一面的な見方であろう。

人間生活には、一見むだでありながら、しかも必要なものもあるのであり、当時はその一つが遊里だったといえる。いまの時代のように娯楽が氾濫しているわけではなく、まして、旅も遊山《ゆさん》もままならなかったこの時代に、大きな城下町を形成していくには、どうしても遊里が必要であったのである。

天正十八年（一五九〇）、小田原北条氏が滅び、この年の八月一日に徳川家康が江戸城にはいった。家康に従って来たおおぜいの武士たちが江戸に居を構え、町人も駿河、三河から移住して来た。

そのころ、いち早く麴町や鎌倉河岸、神田橋附近に遊女屋ができる。京都や静岡から来た遊女屋が店を出したのである。そのほか、方々に私娼《ししょう》がいるし、上方からはいって来た娘歌舞伎の女たちもその道に加わり、江戸の風紀は乱れに乱れた。

家康が江戸にはいって二十年ほど経ったころ、鈴ヶ森で水茶屋を営んでいた小田原北条の浪人、庄司甚右衛門《しょうじじんえもん》が、「風紀取締」と犯人検挙の必要を理由に、遊里公認の出願をし、元和三年(一六一七)三月、日本橋葭原《よしわら》の地に限って、その許可がおりるのである。これが元吉原遊廓のはじまりである。

吉原遊廓で、江戸町一丁目とか、京町一丁目とかいわれたのは、遊女屋を出身地別に区切ったからである。その後、元吉原に三度の大火があり、江戸を区画整理する意味で、日本橋から浅草の水戸家の地所へ遊里を移転し、ここを新吉原とよんだ。

新吉原は、周囲は田圃《たんぼ》で、江戸っ子がここへ通うには、日本堤の土堤《どて》八丁を駕籠《かご》や徒歩で通うか、船を用いるかであった。

吉原遊廓は公認のものとはいえ、当初は、けっして社会的に高い地位にあったわけではない。遊廓の経営者は「忠・孝・悌・仁・義・礼・智・信」の八つの道徳を忘却したとして、〝忘八〟と蔑称されていた。中国では、スッポンのことを〝忘八〟というが、遊女屋はスッポンなみにみられていたのである。

したがって、人間なみに扱わず、遊廓の業者は非課税であった。

しかし、形のうえでは下等に扱われながら、吉原は治外法権の世界として、独自の格式を持つようになる。芝居の俳優が〝河原乞食《かわらこじき》〟とばかにされながら、すぐれた芸術を生み出したことと似ている。この世界は遊興に複雑な手続きを踏ませ、かぎりなく浪費させることによって、〝粋〟の精神をつくり上げていく。

たとえば、客が一流の遊女を身請けする代金は、現代の野球の花形選手の契約高に匹敵するぐらいの相場であった。鳥山検校《けんぎょう》が松葉屋三代の瀬川を身請けした代金千五百両、いまの金で六千万円ぐらいであった。

西鶴の『好色一代男』に、世之助が吉原の高尾太夫《たかおだゆう》に会うために千両持って江戸に出て来る話が書かれているが、要するに、当時の吉原は浪費の町、富裕の町だったのである。

すぐれた芸術、高い文化は、豊饒《ほうじょう》にして爛熟《らんじゅく》した土壌の中から生まれてくるものである。そう考えると、吉原遊廓から江戸文化の多くが起こったということも頷（うなず）けるし、現代のソープ・ランドなどとはまさに月とスッポンの違いなのである。

吉原 2

# 江戸の名士をも唸《うな》らせる、花魁《おいらん》の教養

文政（一八一八〜三〇）のころになるが、吉原「松葉屋」の花魁薫《かおる》は、狂歌や戯作《げさく》で当代第一級の名士であった蜀山人《しょくさんじん》（大田南畝《なんぽ》）が、

全盛の　君あればこそ　この里は　花もよし原　月もよし原

という頌歌《しょうか》をささげたほどの遊女だ。

当時の遊女は、現在の娼婦とはすこし違う。酒席に侍《はべ》る〝遊び女〟ではあるが、教養も諸芸もなみなみならぬトップレディーである。この薫という遊女の才知の数々は、『傾城《けいせい》問

答』とか『青楼《せいろう》美人鏡』などにくわしいが、その中でももっともこの遊女の面目を発揮している逸話は、お忍び登楼して来た津軽越中守寧親《えっちゅうのかみやすちか》をもののみごとに袖にした話であろう。

薫のほか、大名をふった遊女として有名なのが高尾太夫である。仙台藩主伊達綱宗《つなむね》をふって、天井に吊るされ、「鮟鱇《あんこう》斬り」にされたという話があるが、これは妄説で、和歌を巧みとする絶世の美女であった。

また、享保（一七一六～三六）のころ全盛を謳われた玉菊《たまぎく》も、才色兼備の名妓《めいぎ》で諸芸に通暁していたが、深酒のために若死にした。この玉菊の追善供養のため、吉原では毎年、お盆に「玉菊灯篭《とうろう》」という美しい灯篭を軒に吊るすようになったといわれる。

こうした名妓は数え上げればきりがない。それほど吉原の遊女も太夫ともなれば、漢書などをすらすら読める〝教養人〟ぞろいであったのだ。さらに〝意地〟と〝張り〟、群を抜いた〝美貌〟と〝聡明〟さ。この五つの要素から、遊女の〝美〟というものが成り立っていた。

ところが時代がくだって寛政（一七八九～一八〇一）のころになると、遊女の質も低下し、遊女というより女郎という名の娼婦に変わり、高尾太夫が松の位（最高の位）を誇ったのが遠い昔のことになってしまった。

紀国屋文左衛門《きくやぶんざえもん》とか奈良屋茂左衛門《ならやもざえもん》という巨万の富を築いたお大尽が、小判や小粒金を揚屋《あげや》の窓から投げたという話も遠い夢となり、揚屋も数少なくなる。

元禄・享保のころ、吉原で遊ぶといえば、松の位の太夫をよぶには、ひと月もまえから入札していたほどである。二度、三度と足を運んでも、太夫をよぶには、多くの贈り物のほかに金子《きんす》三十両を太夫に、そのほか女中たちにまで四十両の心づけをはずまなければならなかった。

四十両といえば、百石取りの武士の年収に匹敵する金額である。松の位の太夫をよぶには、千両を用意する必要があり、たとえ千両積まれても、気にいらぬ客には首を縦に振らない太夫もいたのである。

それが江戸末期になると、客のほうでも〝粋〟な遊びをするという心意気がなくなり、ただ床《とこ》急ぎをするから、遊女も卑しいものになってしまう。

また、そのころになると、二朱の張店《はりみせ》（安女郎）が流行り、客は上がって来ると、ろくに話もせずにさっさと床入りして、事をすませれば、さっさと帰ってしまう。酒も飲まなければ、三味線も鳴らさない。

当然、太夫とかその下の位の格子という花魁はいなくなり、もっと下の位の散茶《さんちゃ》女郎、梅茶《ばいちゃ》女郎というようなものになっていった。

このころの名妓といえば「松葉屋」の松笠くらいのものであろう。

寛政十一年（一七九九）の正月、吉原の大門《おおもん》口に制札が立てられた。これは、まだ徳川のはじめ、元和三年（一六一七）に庄司甚右衛門が元吉原を創設したとき、幕府から賜わった五ヵ条の条目を書き並べて、吉原のみの禁札を記したものである。この高札場に、「このたび、廓内の韻致《いんち》を、元禄の昔に返したく存じ、高尾にまさる傾城を、千人の中より百人選び、百人すぐって十人残し、十人の中より一人拾いとり、諸芸・座つき・盃・張り・口舌《こうぜつ》一つ欠けたることなきよう、云々」

という高札が立てられた。

つまり吉原の店主たちが〝ミス吉原〟を選ぼうという催しであった。これは川柳をはじめてつくった川柳八右衛門のアイデアだった。

このミス吉原コンテストに選ばれたのが、「松葉屋」の松笠。大枚の櫛、珊瑚《さんご》の笄《こうがい》を数十本も飾った兵庫髷《まげ》、白綸子《しろりんず》の小袖、打ち掛は牡丹に唐獅子の豪華な刺繡《ししゅう》模様と、まことに絢爛として気品さえ漂っていた。

この松笠は、礼儀作法から読み書き、茶の湯、諸芸百般に通じ、江戸のトップレディーとして落日の残照のような遊女だったといえる。

吉原3

## 吉原は、男女の〝喜・怒・哀・楽〟の住み処

天下公認の社交場であった吉原遊廓。その吉原を詠んだ川柳や狂歌は多いが、それにざっと目を通しただけでも、この世はしょせん男と女の〝寄り合い所帯〟という感がひとしおである。

天下泰平の夢を貪《むさぼ》り、江戸文化の中心であった吉原の一日の動きを、当時の川柳や狂歌

によって探ってみよう。吉原の朝は、だいたい寅《とら》の刻（七ツ、いまの午前四時）から卯《う》の刻（六ツ、同六時）ごろであった。この時刻に客と遊女は、悲喜こもごもの思いで別れを惜しむ。

三蒲団《みつぶとん》　四つに抱かれて　寝し耳へ　聞くは七つの　浅草の鐘

刻限の　とら（寅）に別るる　花魁《おいらん》の　袖も涙の　雨に濡らしつ

色客の　わかれ惜めば　刻限の　とら（寅）をうしとや　思う傾城《けいせい》

二番目の句のとらは、寅の刻の意と同時に、會我《そが》祐成《すけなり》の愛人、大磯の虎御前のことで、その別れに流した涙が雨になったという故事をかけて詠んだものである。昔の吉原には、ここだけのしきたりもあったようで、午前四時には米を搗《つ》くところもあった。

早下に　米つく音は　ともかくも　しらけてつらき　きぬぎぬの空

客はいよいよ帰る段になると、次に心配になるのは家のことだ。

子を捨つる　数（吉原のこと）を離るる　とらの時　千里を歩む　心地こそすれ

なかには前夜、友人を迎えに来てミイラ取りがミイラになった者もおり、大急ぎで帰って行く様を詠んでいる。

吉原を　日の出ぬさきと　急ぐのは　昨日迎に来し　木乃伊取《みいら》

当時、吉原の太夫は、初会には客に身を許さないというのがしきたりであったから、

おいらんに　振られて帰る　客の顔　青筋のたつ　横雲の空

という句もできる。吉原も初期のころは、居続ける者以外は卯の刻（午前六時）に帰るのがふつうであった。最後のサービスに励む太夫もいる。背中で舌を出して客を送り出す遊女もいる。

そら泣きの　手管《てくだ》より　今朝の帰りには　悲しくなりし　客のふところ
浮女《うかれめ》の　あとをむきみ　舌出す　馬鹿と見られし　客のきぬぎぬ
日の出《い》でぬ　うちにかへれと　傾城の　首尾を案じる　朝顔もよし

客と遊女は中宿《なかやど》に行って、朝の別れ酒を飲み、粥などをすすって別れを惜しむこともあった。

花魁の　かならずという　一口は　腹にうれしくしみる朝酒
わかれ酒　飲むうちにはや　酔よりも　まはるは朝の　かへり刻限

なじみの客が、ほかの女のもとに挨拶もなく鞍替えした場合は、吉原では、まえの女は同輩とともに男をよびつけ、頭髪を剃ったり打ったりの仕打ちをした。吉原の大門のあたりで、浮気な男が朝、まえの女につかまることもあった。

此上は　からき目見せん　大門の　くらにてうまく　捉へたる客

客は大門を出ると、駕籠《かご》で日本堤を行くか、大川を猪牙舟《ちょぎふね》に乗って帰って行った。遊女はひと寝入りし、そのあとに、肥汲《こえく》みとか髪結い、仕立て屋が忙《せわ》しく出入りするのである。居続けの客は、もちろん寝ている。

三つぶとん　添寝の夜着と　内の首尾　かぶる気いなる　居続《いつづけ》の朝
今朝もまた　寝て居つづけの　春雨に　若草より　鼻毛のびなん

日が高くなるころの吉原はのどかなものであったらしい。そして、家の中の掃除を終わった男衆が、金を持たない客の〝付け馬〟になって客を送って行くこともある。

手綱をも　いかでゆるさん　揚代も　はらはぬ客の　あとに付馬

巳《み》の刻（四ツ、午前十時）には、遊女たちもそろって朝の食卓につく。そのころには、一大消費地帯であった吉原に、魚や野菜、食料品を運ぶ威勢のいい商人がおおぜい集まって来て、たいへんな活気だった。遊女たちも自分の小遣いをはたいて、漬物とか惣菜とか菓子などを買う。

乗物の　ならぬ廓《くるわ》へ　肴《さかな》屋が　かごに乗せてくる　蛸《たこ》の入道
客人の　帰りて後も　傾城に　帯を解かする　吉原の風呂
傾城の　顔みがけど　客ばかす　嘘の皮をば　あらはざりけり

朝飯が終わると、遊女たちは風呂へはいった。午《うま》の刻（九ツ、正午）は、遊女たちの化粧の時間。花売りが各部屋を回って花瓶に花をさし、病気の遊女のところへは医者が回診に来る。

遊女が客に手紙を書くのもこのときである。お菓子をつまみながら貸本屋の本を読み耽る女もいた。この時刻を見計らって、里親が訪ねて来ることもある。

はなし声　おやおやは　傾城に　遇《あ》ひにこし路の　親にこそあれ
遊女同士が客のうわさをするのも、この時刻だったのだろう。
午の時　うまく乗せたる　客人の噂をやする　鞍《くら》がへ女郎
未《ひつじ》の刻（八ツ、午後二時）までは遊女たちの自由時間であって、双六《すごろく》をしたり、易者に運勢をみてもらったりする。それでもちらほらと昼遊びの客が格子戸《こうしど》をのぞいて行く。四時になると盛装して見世に出るが、揚屋からのよび出し状がきて、太夫の道中も見える。このころに来る客は、大尽《だいじん》遊びの上客だった。
戌《いぬ》の刻（五ツ、午後八時）から亥《い》の刻（四ツ、同十時）へは、吉原のいちばんにぎやかな時間である。揚屋では、おおぜいの取り巻きに囲まれて、豪奢な大尽遊びが繰り広げられる。
芸者には　酌《しゃく》をとらせて　客人の　舌鼓《したつづみ》うつ　茶屋の酒もり
床まわす　其縮緬《ちりめん》の　夜具見ても　かのことばか　し思う客

おお寒とい　へば寒いと　客人も　いだき附いたる　床の山彦

そして子《ね》の刻（九ツ、午前零時）には吉原の遊びも幕になり、家々は戸締まりし、夜鳴き蕎麦と火の用心の声だけが聞こえてくる。ここで吉原の一日が終わるのである。

乳の下を　さぐる客に　無心てふ　玉をとらんと　はかる傾城
床の内に　みにくき紙の　出づる頃　あくる侘《わび》しと　いふも吉原

おそらく、現代の若い女性には、吉原という遊廓の風俗はなかなか想像しがたいものであろう。吉原は、官能的なデカダニズムと同時に、江戸の文化を豊饒に育てた場所でもあった。

吉原4

# オランダ砂糖の値段を左右した、遊廓の魅力

〝お菓子の好きなパリむすめ〟というシャンソンがある。いまでも街角のアイスクリーム屋さんに若い女性が三人、五人と集まって、幸せそうにアイスクリームをなめている光景は、見ていてほほえましいが、甘いものにかけては江戸時代の女性も同様に目がなかった。

日本に最初に〝砂糖〟が渡来したのは、いまから千二百年ほどまえ、奈良時代は孝謙《こうけん》天皇の御代《みよ》である。しかし、当時の砂糖は貴重品で、現在のような大量消費とはまったく異なり、甘味の主流は、もっぱら蜂蜜、飴、干し柿、甘葛《あまかずら》、甘茶などであった。

日本人が、現代のような感覚で砂糖に接するようになったのは、島原の乱（一六三七～三八）ののち、すなわち鎖国のころからであった。江戸で砂糖を使った菓子が売られるようになるのも、このころからである。

砂糖の一般化により、料理や漬物の味も豊かになり、食膳が日本料理として完成するに

いたる。江戸の「八百膳《やおぜん》」の料理が有名になった裏には、本場の鰹節と白砂糖があったからだ、といわれる。

ところで、江戸初期の代表的な砂糖菓子に、〝金米糖《こんぺいとう》〟がある。

金米糖は、長崎から上方を経て江戸に伝わってきた菓子で、はじめは異国的な高級品として、上流武士や僧侶だけしか口にすることができなかった。それが、やがて美しい小壺や文庫形の桐箱に入れられて、広く市販されるようになっていった。

この金米糖は、砂糖に水と小麦粉とけし粒を加えて加熱してつくるが、当初はけしの代わりに胡麻などを使って風味を加える工夫などもされた。角《つの》の出た白い結晶は自然にできるもので、形のおもしろさと、色づけの美しさで江戸庶民のあいだに人気があり、ことに、きれいな小壺にはいった金米糖は女性にもてはやされた。

当時の金米糖の値段は、西鶴の『日本永代蔵《えいたいくら》』によると、一箱五匁《もんめ》（約二〇グラム）で、いまのお金に換算して五、六千円にも相当する価格で、相当高価なものである。しかし、幕末のころには値段もかなり安くなり、茶菓子として庶民の口にもはいるようになった。

また文政（一八一八〜三〇）のころ隅田堤《すみだつつみ》の名物でもあった〃桜餅〃もたいへん人気があった。これが売れた原因は、桜の芳しい香りと甘味がほどよく調和していて、江戸の人びとの好みに合ったこともさることながら、店の二代目山本金五郎の娘おとよが錦絵に書かれたほどのすばらしい美女であったことによる。

娘が美女だと、その店の商売も大繁盛するのだから、女の威力はたいしたものである。この娘おとよは、のちに閣老阿部正弘《まさひろ》の側室となり、江戸の数多《あまた》の男性の夢をあえなくした。

この餅を包む桜の葉は、一年間に三十数樽。一樽に約二万五千枚というから、約八十万枚が必要だったことになる。その桜餅の値段の二割五分が砂糖によって占められている。

深川佐賀町にあった「船橋屋」も、江戸の有名なお菓子屋で、大名や豪商の客も多く、茶を点《た》てるときには、この船橋屋へ羊羹《ようかん》を注文したものである。

## 別荘へ　釜日《かまび》をききに　橋屋

これは、船橋屋が茶の湯の日をご用聞きに来たことを詠んだものである。

羊羹といえば船橋屋——といわれるほどで、〝小倉羊羹〟〝百合羊羹〟〝薯《いも》羊羹〟〝紅羊羹〟〝栗羊羹〟などふつうの羊羹に栗や胡桃《くるみ》や薄茶などを加えて種類は十数種もあり、品質については最高級の折り紙がつけられていた。

舟橋を　渡ってきたと　菓子杜氏《とうじ》

という川柳があるほど、江戸の菓子職人のあいだでは船橋屋で修業したことが誇りであった。ちなみに、羊羹の大きさがほぼ一定なのは、老舗船橋屋の規格をまねたものである。

しかし、全盛を誇った船橋屋も、明治になり、最大の顧客であった大名、旗本、寺院の没落と歩を同じくして衰退していった。

そして、船橋屋に代わって勢力を延ばしてきたのは、宮内省（宮内庁の前身）を背景にして、新興階級を顧客とした「虎屋」であった。これまでは饅頭《まんじゅう》屋で名をなしていた虎屋であったが、羊羹の分野にも急速に進出する。

上流階級で羊羹が好まれるいっぽう、吉原遊女のあいだでは〝金つば〟〝さつま芋〟に人気があった。金つばのことを、当時〝みめより〟ともいったが、これはみめよりこころの意味で、外見より味がいいという意味である。

餡《あん》にうどん粉の薄皮をつけて、軽く焼いただけという金つばは、手ごろで女性への手土産としても、大衆の菓子としても、代表的なものであった。

さつま芋は、〝唐《から》いも〟ともよばれ、当時としてはまだめずらしいものであり、吉原遊女をはじめ、一般の女性にも人気があった。女性とさつま芋の縁は、江戸時代からのものである。

浅草の雷門に〝雷おこし〟の店があり、創始者は虎屋の出身といわれるが、これも江戸でなかなかの人気者であった。

〝おこし〟は、大阪に生まれ、江戸から伝わってきたもので、はじめは行商人の手で売られていた。海苔、胡麻、豆、芋などをまぜて蜜で固めた大衆菓子として、いまでも浅草名物の一つに数えられている。江戸時代のそのほかに有名な菓子店としては、「栄太楼《えいたろう》」や「藤村《ふじむら》」がある。

話を砂糖に戻すが、享保十七年（一七三二）に長崎の和蘭《オランダ》屋敷に出入りした、丸山遊廓の女郎の数は延べ二万四千六百四十四人という記録がある。

このオランダ人の遊興費がいくらかかったかは定かでないが、その費用を捻出するために、彼らは、日本の商人に高い値段で砂糖を入札させた。丸山遊廓の女に支払う交際費が、砂糖の値段を決めたことになる。

吉原5

## 恋に狂った遊女の情念が〝切指〟をさせた

「歴史のかげに女あり」というが、日本の歴史では遊女の存在は見逃せない。伊達騒動の発端をつくった高尾のように、大名家を揺るがした者もいるが、日本の文化・芸術に大きな影響を及ぼしたのが遊女たちと、その独自の文化だった。

やくざが掟《おきて》を破るようなことをした場合、指を切って詫《わ》びを入れるのがしきたりだが、昔の遊女は、男との誓いの証《あかし》に指を切った。事の善し悪しはともかく、ずいぶん思いきったことをしたものだと思う。いまどき、このようなことをする女性は、まず絶対にいない。

遊女として、男を手玉に取って金をしぼりとるばかりではなかったのである。

遊女が男と契《ちぎ》りを交わすことを遊廓では〝心中立《しんじゅうだ》て〟といったが、切指はその〝確証〟として行なわれたものの一つである。

心中立てには、切指のほかに、爪をはがしたり、髪を切ったり、入れ墨をしたりしたが、髪や爪はあとになれば生えてくるし、入れ墨も消す方法があった。

その点、指を切れば片輪になるのであるから、遊女にとってはよほどの覚悟が必要である。しかも、切指は、男のほうはせず、遊女の側だけが一方的にやるのである。

切指の方法は、五人の介錯《かいしゃく》人がつき添い、指を切ったあとの血どめ薬などを用意したうえで、密室で行なった。遊女の指を木枕の上に載せ、その上に剃刀《かみそり》を当てて重いもので力任せにたたきつけるという方法を用いたが、十人のうち九人までは失神したという。

十の指　九ツにする　恋の闇

という川柳もあるが、遊女だとて、恋に狂うこともあったということである。むしろ、男に接することを生業《なりわい》としている遊女が熱中するのだから、素人の娘が恋をするよりも、もっと激しかったといえるかもしれない。

しかし、裏には裏があるもので、悪知恵に長じた遊女は、死んだ女の指を何本ももらってきて、自分は一本しか切らないのに、何人もの男と同時に心中立てをする者もいた。この場合は、切指も遊女の手練手管の一つだったといえるだろう。

遊女がする入れ墨は、恋人の名を彫って、その名まえの下に〝サマ〟とか〝命〟の文字を添えた。文字は、恋人の筆跡をなぞって彫る習わしになっていた。

しかし、どのような心中立てをしても、恋は移ろいやすいもので、男からふられることもある。そのようなときには、遊女は、戦国時代に武士が行なったように、〝血書《けっしょ》〟を書いて男に気持ちを訴えた。起請《きしょう》といって、互いに誓いの言葉を書くという風習があった。

これには血判《けっぱん》を押すと同時に、神仏だけに誓うという意味で、「梵天《ぼんてん》・帝釈《たいしゃく》・閻魔《えんま》法王……」などを書き添えた。これは、武士がとり交わす起請文をまねたものであるが、どちらかが反古《ほご》にすることが多く、この約束もあまり当てにならないことである。

それにしても、遊女と客との恋愛に、このような慣習があったということは、彼女らの恋愛がそれほど心もとない、破れやすいものだったということかもしれない。

吉原6

## 客を誘惑した遊女のラブレター

恋文のもっとも古いものとして、「歌垣《うたがき》」(〝かがい〟ともいった)がある。歌垣は、男女が集まって恋歌を詠み、それを思いを寄せている相手に贈り、相手にも恋の気持ちがあれば返歌を詠むというもので、これはラブ・レターのやりとりのようなものであった。

もっと原始的なラブ・レターといえば、小さな石に松葉を結んで女に贈ることが、すなわち愛の告白だとする風習も一部の地方にあった。これを〝石手紙〟という。また、帯を贈ることが求愛のしるしとする風習もあり、これもラブ・レターの原形といえないこともない。

江戸時代には、艶書《えんしょ》、つまりラブ・レターのやりとりが盛んに行なわれた。現代のように「文明の利器」によって単刀直入に愛を打ち明けるようなことはできなかったので、艶書によった。

じょうずに艶書を書くための指南書も出回っていて、〝贈る文、返す文の書き方〟〝拾われてもそれとは気づかれない文の書き方〟〝相手を呼び出す法〟〝文を人知れず手渡す法〟などが記されている。

そのような指南書には、ごていねいにも、上段に閨房《けいぼう》の秘術を記したものもあったというから、艶書によって結ばれたあとのことまで面倒をみる親切心があったのかもしれないというより、遊び的要素の多いことがわかる。

こうして書かれた艶書を届ける〝文屋《ふみや》〟もいた。艶書をしたためるのは色町の女性が多かったから、これは足が遠のいた客を誘惑する手練手管の一つであったからである。

文屋は、艶書ばかりでなく、ふつうの手紙も扱っていたが、明治四年（一八七一）に郵便法が制定され、それ以来姿を消した。

吉原 7

# 遊女と客の仲をとりもつ「芸者」という職業

芸者というのは元来、舞台や宴席において芸を披露する職業芸人のことであって、売春をする遊女と同列に考えてはいけない。したがって、江戸初期においては、芸人を芸者とよんでいたわけで、当然、男の芸者もいたのである。

男芸者のことをタイコモチ（幇間《ほうかん》）といい、芸者といえば、もっぱら女芸者をさすようになるのは、時代がかなりのちになってからのことである。

江戸初期の吉原では、芸ごとは芸者、色ごとは遊女と、はっきり分業になっていたのである。

なぜ、遊女という遊び相手がいるのに、そのうえ芸者が必要だったか——それを説明するには、江戸初期の吉原遊廓の制度や風俗について少し説明しなければならない。

吉原遊廓には、格式を重んじる「太夫《たゆう》」という高級遊女と、「売春専門」のふつうの遊女との二つの階級があった。

太夫といわれる高級遊女は、諸芸一般に秀で、気位が高く、売春行為についても一種の拒否権を持っていた。太夫はよほどのことがないかぎり、初会から客と同衾《どうきん》することはなく、客が気にいらなければ三回でも五回でも袖にすることができた。客から揚代をとったあげく、酒席にだけ出て床を拒否するのである。

これは吉原太夫の伝統であって、遊興を主として、情事を従とする観念から出発したものである。情事は当人同士の同意によるものと考えられていたのである。

客が太夫に同衾を拒否されたからといって難癖をつければ、その客は無粋としてますますきらわれることになるから、客のほうでは低姿勢に、太夫の歓心を買うように努めた。

お金を払って遊女のご機嫌をとり、それが〝粋〟とは間尺に合わないのである。

考えてみれば主客転倒のようであるが、実際、吉原遊廓というところはそういう〝気どった〟ところだったのである。

したがって、茶屋へ太夫をよんでも、太夫は床柱を背にして客の上席にすわり、上品ぶって、とり澄ましている。これでは客のほうでもおもしろくない。そこで、その酒席をにぎやかにするために登場したのが「芸者」なのだ。

芸者は三味線を弾き、俗謡とか、カッポレとか、新内《しんない》などを披露して座を盛り上げ、太夫と客の仲をとりもつ〝潤滑油〟の役割を果たしたというわけだ。

芸者は遊女の領域を絶対に侵害してはならないことになっており、遊女のほうでも芸者の存在権を認めて振る舞わなければならないしきたりになっていた。

要するに、吉原芸者は高級遊女を茶屋へよんで酒宴を張るときに、興を添える意味合いで存在したと考えればよい。

とはいえ、このような世界ではつねに表と裏があるもので、表向きには芸者は、遊女の領分を侵してはならないことになっていたが、裏では客をとって売春する芸者もいた。

昭和三十五年に、「売春防止法」が施行されてから三十数年を経ても、温泉芸者などが裏で売春をしていると聞くが、江戸時代にもそういうことがあったということであろう。

この芸者をよんで遊ぶ場合には、まず線香を焚く。線香の点《とも》り具合で時間をはかって、料金を算出するからだ。

当時料金は線香一本二朱（一両の八分の一）と定められ、一両が江戸中期で現在の約四万円、幕末期で約五千円から一万円に相当する。天文（一五三二〜五五）のころになると、一本の代金が金一分（一両の四分の一）へと高くなった。

『後はむかし物語』という書物に、女芸者の起源について、およそ次のように書かれている。

「よし原芸者というも、扇屋花扇に始まり、宝暦十二年の頃なり。その後、おいおい外の娼家にも出たり。うしろ帯して見世に並び居たり」

これによると、はじめて芸者が現れた宝暦（一七五一〜六四）のころは、芸者も張見世に待機して客をとったらしいから、もともと遊女とは同根から発生したものであろうが、芸者が専業化した時期からは売春をやらぬ建て前になっていたのである。

安永年間（一七七二〜八一）には、吉原遊廓に六十人以上もの芸者がいて、客扱いもうまかったことから人気をよび、遊女の営業が脅かされるほどの勢いだったという。そのため、安永八年（一七七九）に、〝見番《けんばん》〟の制度が設けられた。

見番制度とは、「芸者人別帳《にんべつちょう》」をつくって芸者を登録させ、登録した芸者にかぎって茶屋へ周旋する制度だが、これによって芸者と客との情事を封じ、芸者が勝手に廓《くるわ》の外へ出ることを監視したのである。芸者の風紀取り締まりという名目で、芸者の行動を規制し、遊女屋の営業権を擁護したのである。

この見番制では、芸者は三人一組で客の前へ出るしきたりで、相互に監視させ、万一、芸者の売春が露見すると鑑札を取り上げられたうえ、裸で扉の外へほうり出すという掟も設けられた。

芸者の取り締まりにこれほど神経質になっていたということは、芸者が売春をしてはいけないという建て前がある反面、現実には芸者の売春が跡を絶たなかったということであろう。売春は影をひそめ、芸事のみに専念するようになる。そしてそれが吉原芸者の誇りとされ、ほかの町芸者よりも上級だとされたが、やがて幕末から明治にかけてしだいに吉原芸者は廃れ、芸者の中心は新橋、芳町《よしまち》のほうに移るのである。

古い伝統であった吉原の格式が崩れて、太夫というような高級遊女がいなくなり、茶屋で遊ぶという風習が廃れてしまったための、当然の成り行きだった。

そして明治にはいると、吉原の〝粋〟も滅んでしまう。堅牢を誇った吉原の牙城も、時代の流れから免れることができなかった。

吉原8

## 「売比丘尼《うりびくに》」が変えた、江戸の売春組織

江戸時代には、「夜鷹《よたか》」とか、「湯女《ゆな》」とか、あるいは旅籠《はたご》の「飯盛り女《めしもり》」とか、さまざまな売春婦がいたが、変わったところでは「比丘尼」と称する遊女の存在がある。

比丘尼というのは、元来、仏法を説く尼僧のことであるが、この場合の比丘尼は、名は比丘尼であってもまじめに読経したり、仏法を説いたりはしない。姿かたちは尼僧でありながら、もっぱら売春を業としていた女たちのことである。

なぜ、元来聖職者であるはずの尼僧が売春婦に転落していったか。その原因をひと口にいえば、江戸時代の仏教は表面上は興隆したかにみえて、その実、いっぽうでは卑俗化が度を越して、とことん堕落した面があった、ということであろう。

江戸時代の仏教は幕府から手厚い保護を受けていたおかげで、寺院はいまでは思いも及ばないほどの権勢を誇っていた。

将軍家が、二万石の大名に匹敵するほどの寺領をもつ寛永寺（天台宗）、増上寺（浄土宗）を菩提寺として持っていたのをはじめ、各大名も郷里と江戸の両方にそれぞれ菩提寺を持っていた。

しかも寺領や僧侶は法制外に置かれ、町奉行の所管ではなく、寺社奉行の管轄であったから、僧侶の犯罪については一般人にくらべて処罰も軽く、すべて特別扱いの身分であった。

とくに寛永十五年（一六三八）、島原の乱が終わると、切支丹《キリシタン》の取り締まりを口実に全国民を「宗門人別帳《しゅうもんにんべつちょう》」に登載させるなど、寺院の権限を大幅に認める政策がとられた。旅をするにも、奉公に出るにも、あるいは縁組も、寺院の許可がないとできないのだから、人びとは信仰の有無にかかわらず寺院の檀家に加わらなければならない。

その結果、寺院の経済が繁栄するのは当然の成り行きである。したがって僧侶の懐《ふところ》具合も豊かになる。

人間、うまいものを食べて、懐にも余裕が生じれば、いきおい享楽に流れるのが常道であって、僧侶とて例外ではない。いや、むしろ、僧侶こそ昔から好色の代表格で、その道にかけての達人、という例は枚挙に暇がないのである。

しかし、僧侶がいくら特権的な地位にあったとしても、さまざまな宗規戒律があるから、俗人のように好き勝手に遊び回るわけにはいかなかった。そこで、僧侶が遊ぶための抜け穴として、僧侶専門の岡場所（遊廓）ができ、その一つに比丘尼がいたのである。

## 坊様の　買っていいのは　比丘尼なり

この川柳は、そういう僧侶の女遊びを皮肉ったものであるが、もともと僧侶と尼僧は〝親戚筋〟に当たり、〝魚心と水心〟で結びつくのも事の成り行きだったということかもしれない。

比丘尼は、元来は諸国を歩きながら神仏の功徳《くどく》を説き、牛王《ごおう》（起請文《きしょうもん》をかく用紙で、裏には熊野権現《くまのごんげん》の実印、牛王が墨で刷ってあった）を配って、いくばくかのお布施をもらって生活していた。牛王は一種の護符でもあったが、このお札は武士が主君に忠勤を誓うときの証文の用紙などにも使われたものである。

このように比丘尼は、もとは宣教師というか、布教師のようなまじめなものであったのだが、宗教の堕落に歩調を合わせてしだいに宗教活動から逸脱し、ぴんざさらという楽器を鳴らしながら歌をうたって、その歌もしだいに卑俗化し、挑発的になっていくのである。

山東京伝《さんとうきょうでん》の『近世奇蹟考』に、

「昔は脇に挟みし文匣《ぶんこう》に巻物を入れて、地獄の絵解きし、血の汚れを忌ませ、不産女《うまずめ》のあはれを泣かするを業とし、年籠りの戻りに烏《からす》牛王くばりて、熊野権現のこと触れめきしが、何時《いつ》の程よりか白粉《おしろい》薄紅をつけて鬢《びん》帽子に帯幅広くなし……」

と比丘尼について書かれているが、つまり、牛王を配る勧進比丘尼が、歌をうたい歩く歌比丘尼になり、それがさらに売比丘尼（売春婦）に堕落するという過程をたどる。

明暦、寛文の時代に何度か市中の岡場所や湯女などの私娼取り締まりが行なわれたこともあって、特定の場所に定住しない独得な遊女であった比丘尼の需要が増し、売比丘尼の蔓延に拍車がかかったといえる。

来世の極楽を説くはずの比丘尼が、現世の極楽道を身をもって教えたというわけである。需要が増したうえに、売比丘尼が男たちの好奇心をそそってますます繁盛するようになると、江戸市中の従来の私娼のなかには、わざわざ比丘尼の姿かたちに〝変身〟する者さえ現われた。

比丘尼は、はじめは山の手の武士の家や寺院をお得意として回っていたが、やがて売比丘尼がふえたために遊行的なものから企業的なものになり、湯屋のような役目をする比丘尼専門の「中宿《なかやど》」もできた。

中宿は、日本橋、京橋、赤坂などにあり、売比丘尼は朝、自宅からその中宿に出張して待機した。服装なども地味なものからやがて華美なものになり、白粉や紅の化粧も派手になっていく。

彼女らは前借制にしばられることもなく、出張は自由意志であり、売上げから歩合を中宿に払えばいい仕組みであったから、その点、現代のコールガールのように近代的企業組織だったといえる。

このような比丘尼の売春がもっとも盛んだったのは、元禄（一六八八～一七〇四）のころであり、これが次の宝永三年（一七〇六）になると、私娼取り締まりは彼女らにも及ぶことになり、売比丘尼は地下にもぐる。

そうして表面をカモフラージュしながら営業が続けられたのであるが、寛保元年（一七四一）に、中宿で武士と比丘尼の心中事件があり、それを契機に比丘尼は徹底的な弾圧を受け、だんだん姿を消すことになる。

天保から寛保にいたる約六十年間、江戸に栄えた比丘尼という一種独得の遊女。出張遊女というか出前遊女というか、その初期の形態は、わが国売春史上にも特異な存在だったといえよう。

吉原9

# 悲しく、逞《たくま》しい「夜鷹《よたか》」の女たち

終戦直後、娼婦たちが巷《ちまた》にあふれ、住む家も商売の場所もないままに、焼け跡のバラックのかげなどで春をひさぐという、まことに暗い世相の一時期があった。江戸時代にも、このような道端で売春を営む「夜鷹」とよばれる一群の娼婦がいた。

しかし、この娼婦たちには身を焼く悲惨さの中にも、どこか逞しさが感じられる。

この夜鷹については、『かたひさし』という書物に次のように書かれている。

「……たそがれの頃木立の繁みより立ち出づる鳥あり、道路にノケザマに伏しゐけるを、人行きかかりなば、立ちて二三丈もきてまた始の如く伏すとなん。形は夕暮なれば定かに見えねど、ふくろ、みみずくにあらんと思ふやうなり。これ鷹なるべし。道路に伏す故、夜鷹と名づけしにやあらん」

この種の街娼の起源はもちろん古く、奈良時代にも発生の痕跡をたどれるが、足利時代にいたって、路傍で売色する女を「立君《たちぎみ》」といい、辻《つじ》で客を引いて自宅で売色するものを「辻君」とよぶようになった。

辻は〝道〟が十文字に交差する場所だから、人の往来も多く、それだけ寄び込みの確率も高いわけである。江戸初期になって、夜鷹の出現場所はおもに四谷鮫《さめ》ヶ橋《ばし》と本所吉田町界隈であり、

ハナ散る里は　吉田　鮫ヶ橋

と巷間《こうかん》に伝えられている。ハナ（鼻）が散る（落ちる）ような梅毒持ちの女や、うらぶれて客もつかなくなった年増《としま》女郎が多かったことがうかがわれる。

しかし、天保以前はまだ夜鷹とはいわず、江戸では「夜発《やはち》」とよび、上方では「惣嫁《そうか》」と称していた。

上方の街娼風俗については、『都の手ぶり』という書に紹介されているが、江戸の「夜

発」も、上方の「惣嫁」も大同小異である。

「日入る頃より、装ひこちたくものして、彼処《かしこ》へと急ぐ、昔は木綿の黒きを衣とし、白きを帯となして、頭をば手拭《てぬぐい》に包みて出で立ちしを、今様はさるまねびをせず、常ざまの市人の妻の如く見まがへありき。若きは稀にて、四十より五六十許《ばか》りの古き女ぞ多かる」

四十以上の大年増が多く、商売の場所は家の軒下、野外の草むら、河原、材木置場などで、草筵《くさむしろ》を一枚敷いて春をひさいだが、いかにのどかな時代とはいえ、これではあまりにも開けっ広げで、艶《つや》もない。のちになって竹の杭で筵を屏風がわりに立てて、その〝床《とこ》〟を隠したり、雨具を衝立《ついたて》にして床が見えないようにした。

また、初期の夜鷹は独立して自由業であったが、

鼻声で　仕逃仕逃げと　追っかける

といった調子で、無銭遊興する者が続出し、そのため自衛手段として、客引きを兼ねた男を雇うようになる。つまり〝ヒモ〟の元祖である。

そして、さらに時代とともにサービス精神も加味されてきて、空地に小屋を建て、中がのぞけないように草筵を入り口に垂らして商売する者も現われてきた。

曲がりなりにも別に自分の住居を持っていて、このような小屋に出かけて来て売色していたのだが、天保の改革以後の深川あたりには、夜鷹が自宅で開業する〝座わり夜鷹〟とよばれる娼婦も出現する。

当時、女郎屋の開業は、吉原と四宿（品川、新宿、板橋、千住）のみにしか許されていなかったため、座り夜鷹といっても非公認の私娼である。これらの私娼はたびたび取り締まりの対象にされた。

夜鷹になっていく者は、やはり女郎、湯女、水茶屋の女から転落していった者が多いわけだが、なかには夫を亡くして収入の道のつかない後家や、貧苦から逃れるための浪人の娘や人妻もいた。生きんがための逞しい生活力である。

いっぽう、客のほうはといえば小僧、職人、労働者、足軽などのほか、意外に武士が多かった。

どうしても　武士が多いと　夜鷹云い

という川柳もあるが、落魄《らくはく》の夜鷹を買うのだから、武士階級も下層になるほど日々の生活に追われ、武士本来の品格はどこへやら、ただ手軽で低俗な享楽に耽る傾向に堕したといえよう。

何はともあれ、江戸の最盛期に数千の夜鷹が市中に出没したというから、女なしでは夜が明けない様相を呈していたといっても過言ではないようだ。

吉原 10

# 〝蕎麦をすすりながら夜鷹見物〟が、庶民の娯楽

江戸時代は「夜鷹」(街娼)見物のため屋台が出たり、『東辻君花《つじきみ》の名寄《なよせ》』という夜鷹の番付が売り出されたりしているが、性風俗についておおらかな江戸人の姿がうかがえる。

『天言筆記』という当時の本に、〝夜鷹見物〟のようすが書いてある。

「…暫《しばら》く遠のき、夜鷹めずらしく候故、貴賤に限らず、見物大群集いたし候故、これがために夜鷹そば、茶めし、あんかけ豆腐、鮨、おでん、濁《にごり》かん酒に至るまで大繁昌…」

あんかけ豆腐を肴《さかな》に燗酒《かんしゅ》を飲み、蕎麦をすすりながら、土堤《どて》などに腰をかけて、のんびりと夜鷹見物としゃれ込むなどという風俗は、さしずめ現代の夜桜見物のようなものだったのだろう。

夜鷹の番付には、上は五十七歳から下は十六歳までの総数五十四人の名まえが連なり、

痩せているとか太っているとか、性質の善し悪しから身なりについてまで書かれていて、夜鷹の人名便覧のようなものである。この番付は、発売三日で発禁となるような内容であったから、評判をとったものだったらしい。

夜鷹が評判になるのは、天保の改革以後のことであるが、なぜそれほど騒がれたのだろう。水野越前守忠邦が行なった天保の改革は、奢侈《しゃし》禁止、風俗粛正を目標に、徹底した風紀取り締まりと緊縮政策がとられた。

しかし、市民の生活からことごとく自由を取り上げるような圧政は長く続くはずがなく、水野越前守に代わって阿部豊後守《ぶんごのかみ》が頭角を現わすと、水野越前守の行なった風紀取り締まりの政策は緩和されていく。

当然、水野の時代に鳴りをひそめていた街娼たちは、以前にも増して夜の街を賑わすようになった。取り締まりが厳しかっただけに、その反動として、よけいに目につくし、庶民たちもこれを歓迎したのであろう。

当時はすでに吉原遊廓ができていたが、吉原は伝統と格式を重んずるだけに、大衆にはあまり縁がなかった。大衆にとっては、市中に出没する街娼こそ、身近な女性であった。その身近な街娼たちが多く出没する場所は、庶民の格好の暇つぶしの場所になる。こんどはその見物人目当ての屋台が出るという、いわば「風吹けば桶屋《おけや》が儲かる」式にいろいろな商売が流行したらしい。

この屋台で売られる蕎麦のことを「夜鷹蕎麦」というようになり、その後は屋台の蕎麦はすべて夜鷹蕎麦というようになった。

ただし夜鷹蕎麦の名の起こりには異説もある。それは当時、夜鷹とよばれる売笑婦は、売笑婦のなかでも最下等であり、わずか十文で春をひさいでいた。そのころ、ちょうど蕎麦の値段も十文であったところからこの名が起こった、というものである。さて、どちらがほんとうであろうか。

それにしても、夜鷹の花代が屋台の蕎麦一杯の値段と同じだというのだから、いかにも安い。大正初年に芥川龍之介が、渋谷道玄坂で、

白銅で　身を売る夜の　寒きかな

という句を詠んだというが、いつの時代にも、格安で身を売る娼婦がいたということである。

吉原11

## 吉原遊廓を脅かした「女歌舞伎《おんなかぶき》」

『慶長見聞録』という古い本に、女歌舞伎の元祖於国《おくに》（阿国）という役者のことが、次のように紹介されている。

「舞曲花めきて百の媚《こび》をなせり、音声雲に響き、言葉玉を列《つら》ね、聞く人までも、覚えず梅壇の林に入るかと怪しまる」

これによると、人びとは於国という女役者の異形異装に驚き、彼女の声を聞いただけでも、香水の林に踏み入ったほどの気分になったようである。

於国が、出雲大社の修理の勧進のために、おおぜいの踊り子を伴って京へ出たのは慶長のころであるが、どうやら本物の巫女《みこ》ではなかったようだ。四条河原に仮小屋をつくり、そこで「稚児踊り《ややこおどり》」や「念仏踊り」を演じた。

於国はまた、当時の記録によると、「但《ただ》し好《よ》き女にあらず」ともあり、妖しい魅力を持っていたようだが、さして美人ではなかったという説もある。

踊りの内容は、連れの者を道化役にして、猿若《さるわか》の物まねや猿まわし、酔いどれ百姓のしぐさなどをしてみせたものである。


ところが、その歌舞伎踊りには風流と滑稽が入りまじっていて、たいへんな人気を得たのである。これらの芸は、それまでは大道や河原の仮小屋で演じるのがつねであったが、於国の歌舞伎は、人気が沸騰したために仮小屋では間に合わず、北野天神の一角に、常設の大がかりな舞台を設けるほどになった。

於国のはじめのころの踊りは、裾の長い華やかな小袖を着、黄金の十字架のついた長い数珠をさげた扮装で、鼓、笛などの伴奏に合わせて踊り狂い、そのうえ興が乗れば観客を舞台の上に招いていっしょに踊った。
一遍上人《いっぺんしょうにん》の踊り念仏と多少似ているとはいえ、明らかに独創的な、型破りなものだった。ちょうど殺伐な戦国時代も終局を迎え、世相はデカダンスの風潮がみなぎっていたから、於国の八方破れの踊りが民衆に歓迎されたのである。

戦国の末期、天正のころから、東海道、京坂地方で「風流踊り」といわれる踊りが流行し、庶民はこの踊りに熱病に罹《かか》ったように浮かれていた。この流行は、諸国に津波のように伝わり、何年も続くのだが、於国の歌舞伎踊りも、このような時代背景を考えると、まさにタイムリーだったということであろう。

於国の人気はいっきに高まり、ついに慶長八年（一六〇三）五月六日には、女院《にょいん》御所に招かれて多くの公卿や宮女の前で披露するほどになる。そしてこの風評は江戸にまで達し、於国は慶長十二年、京を引き払って江戸にのぼり、八重洲河岸《やえすがし》に小屋がけして勧進興行をうつ。

さらに同年十二月二十日には、江戸城の本丸と西の丸のあいだの広場で歌舞伎踊りを演じるにいたり、女性芸能としては、一世を風靡するほどの画期的なものだった。

於国が江戸にまで遠征すると、その人気にあやかろうとまねをする者が出てきた。とくに、「島原」以前の京の遊里の中心であった六条の遊女たちは、大挙して四条河原に進出し、於国に対抗しようとした。

彼女たちは、いずれも大小の小屋をつくり、於国に負けず劣らずの奇妙な扮装をし、扇情的な歌や踊りを披露した。このときの有名な俳優として佐渡島正吉や村山左近などが知られている。遊女出身の女歌舞伎が有名になったため、のちには、女歌舞伎といえばみな遊女であるように錯覚されたほどである。

こうして遊女出身の女歌舞伎が河原に乱立し、互いに足の引き合いになるので、それを防ぐ方策として地方の勧進元と組んで地方巡業がはじまった。

地方巡業といっても、地方では商売にならないから、当時の新興都市であった江戸に進出する者が多かった。江戸ではすでに於国により女歌舞伎の人気は絶頂に達していたので、受け入れ態勢も十分、八重洲河岸や京橋の中橋、人形町近くの禰宜《ねぎ》町、万世橋近くの筋違《すじかい》門《もん》のあたりなどに、女歌舞伎専門の芝居小屋が建てられ、人気を博した。

江戸の吉原でも、このブームに便乗して廓《くるわ》内に小屋をかけて遊女の女歌舞伎を行なった時期もある。

また、大名のあいだにも歌舞伎に現《うつつ》を抜かす者も出て来たりして、この女たちを領国へ連れて帰る者さえあった。


かの最強大名加藤清正などはたびたび歌舞伎女を熊本によび、興行させている。

女歌舞伎の役者の多くは、もと遊女であったため、自然の成り行きとして、この役者たちは私娼も兼ねた。そのため、公認の吉原遊廓が脅かされるようになり、寛永六年（一六二九）十月、幕府は吉原の遊廓業者の嘆願により、女歌舞伎を弾圧し追放する。この結果、於国以来の女歌舞伎は地方に分散し、江戸から姿を消すことになった。

この女歌舞伎は寛永六年、風紀上の問題から禁止され、それに代わって若衆《わかしゅ》歌舞伎が登場するのである。

吉原 12

# 快楽と避妊と造形美が織りなす〝セックス文化〟

「貧乏人の子だくさん」という言葉があるように、貧乏人はほかに楽しむ余裕がないから子づくりに精を出し、子どもが多ければそれだけ出費もかさむ。このいたちごっこは、いまも昔も変わりがない、ということか。とくに江戸時代においては、これは今日想像する以上に深刻な問題だった。

武士のサラリーである封禄《ほうろく》にしても、今日のように勤労の代償として支払われるわけでなく、〝家〟に対してのあてがいぶちである。もちろん、家族が多いからといって家族手当てが出るわけでもない。まして今日のようなアルバイトの口など、おいそれとはない時代である。

子どもの多い下級の武士は、毎日が貧困との闘いであり、これ以上、貧乏神にとりつかれないためには、子どもを産まないようにするしかなかった。

農民の場合においても、子どもが多ければそれだけ労働力がふえることになりそうなものだが、耕地面積に限りがあるうえ、年貢にしばられた生活をしていれば、労働力になるまで育てる余裕などまったくなく、子どもがふえれば、その日からすぐに生活苦が口をあけて待っている。

遊女の場合は、妊娠をすると直接商売に差し支えるから問題は深刻で、そのため避妊や堕胎が盛んに行なわれるようになる。

しかし、お灸や薬草などを使って用心深く注意していても、妊娠することは少なくない。いずれにせよ遊女に妊娠はタブーであったから〝中条流〟（後述）で堕ろすほかはないのである。

性病などで不妊になった女は、たとえ病気が原因であるにせよ、妊娠の心配がないという理由でむしろ重宝がられ、処女よりも高値で置き屋に買われたという。

大名の場合は、所得の面からではなく、家督相続を複雑にしないために、正夫人以外からの出生を制限しなければならなかった。妾に産ませた子どもに、そのつど財産を分与や相続をさせていては、いくら財産があってもたまったものではない。

このように、産児制限はどの階層にかぎらず深刻なものであったが、さて人口の抑制策としては、〝避妊〟と〝堕胎〟と〝間引き〟の三方法をとる以外になかった。

農村では労働力として女性の力に負うところが多いから、安直な〝堕胎〟の方法として、ホオズキの根を煎じて飲んだり、それでも効果がないときはホオズキの根を乾燥して粉末にしたものを鳥の羽にのせ、子宮口に塗るという流産誘発法が試みられたりした。

また農民の中には、どうにもならない貧困からしかたなく乳児を殺す、つまり〝間引き〟を行なう者もけっして少なくなかった。江戸の市中には多数の堕胎医や堕胎薬店があり、世界に類例をみないほど産児制限が行なわれていたのである。

徳川家斉将軍のように、二十数人の妾に五十数人の子どもを産ませたのは例外中の例外である。三代家光の愛妾のお万の方などは、つねに避妊薬を用いており、ついに一人の子も産まなかった。妾になる女性は、当人の意志にかかわらず避妊薬を用いるように命じられていたのである。

避妊の方法としては、お灸によって体の中を通る経絡《けいらく》を刺激する方法があるが、これは効果が万全というわけにはいかない。ほかに器具、薬が使用されたが、薬はおおむね腸管を収斂させる解毒剤のようなもので、母体を痛め、余病を起こすおそれもあって、あまり評判がよくない。

これらの理由で器具が多く用いられたわけだが、当時の器具はコンニャクを利用してつくったものや、ペッサリーのように女性器に挿入するものなどがある。

なかには快楽器具としての役目と避妊の役目とを同時にはたすように工夫されているものもあり、とくに快楽器は張形《はりがた》をはじめ、造形技術のすぐれたものがたくさんあり、セックス文化がかなり進んでいたことを物語っている。

吉原 13

# 入れ墨芸術を支えた女たち

入れ墨は古代から行なわれた風習だが、もともとこれは潜水漁法が発生したときに、「海の神」の祟《たた》りを恐れて、その魔除けとして行なったものである。入れ墨の起源はほかにもあるが、だいたいは呪術、信仰と関係が深い。

室町時代、中国や朝鮮沿岸を荒らし回った倭寇《わこう》（海賊）などは、みな入れ墨を彫っていたが、これなども海の神の祟りを恐れたためであった。

当時は女海賊もいたが、彼女らも例外なく入れ墨をやっていた。

江戸時代、とくに文化が退廃した文化・文政（一八〇四〜三〇）のころは、女芸人、遊女などにも入れ墨をする風潮があって、これは男性を憧れる〝性的倒錯〟というか、〝男性模倣〟が下地になっていたようである。

遊女が客と誓いを立て、お互いの名を左腕に彫る〝起請《きしょう》彫り〟という入れ墨もあったが、人間であるから心変わりすることもあり、そういう場合はその名まえの周囲に模様を入れ墨して判読できないようにした。

男の名を彫るといえば、江戸末期の女性で、自分が関係した男の家紋を、全身に二千四百も入れ墨をした女性がいた。二千四百人以上の男性と関係したということだろうが、これなどは、一種のコレクション・マニアとでもいうのであろう。

彼女は明治まで生きて養老院で死んだが、女性のそういう入れ墨はめずらしいということで、警視庁に死体が保管されていたのである。

また遊女や女博徒《ばくと》には、内股《うちもも》に女郎グモや蟹の入れ墨をして、そのクモや蟹が半分ぐらい局部に侵入しているという奇抜なものさえあった。性的な不幸を避けようとする呪いとか、賭場《とば》で立て膝をして相手の度肝を抜くとかの意味があった。だから、女性の内股の入れ墨にはグロテスクなものが多い。

明治五年（一八七二）に太政官《だいじょうかん》布達によって女性の入れ墨は禁止されたが、それでも芸者などには隠れて入れ墨をする者がいた。ずっと以前に新橋芸者から、背中に彫った法被《はっぴ》の入れ墨を見せてもらったことがある。

しかし、女が背中に入れ墨を彫るのは例外中の例外であり、たいていは胸とか内股にやっていた。女は人前でめったに着物を脱ぐことはないというわけである。

江戸時代の罪人は、刑罰として腕に横線の入れ墨を彫られた。この刑罰は男だけで、女は免除された。


この刑の入れ墨を消す場合、遊女が起請彫りを消すのと同じように、腕全体に模様を入れ墨して模様がわからないようにした。ところが、いつの時代でも気負ったやくざがいるもので、ムショ（牢）帰りみたいにして箔《はく》をつけようと、わざわざ腕に入れ墨を彫る者さえいた。

入れ墨を彫る彫師になるのは、だいたい浮世絵の心得のある絵師だった。これは想像であるが、寛政（一七八九〜一八〇一）のころの浮世絵師であった東洲斎写楽《とうしゅうさいしゃらく》は、もとは入れ墨の彫師だったのではないかと推測している。写楽は、もとは徳島藩主蜂須賀《はちすか》侯の金春《こんぱる》流能役者だったといわれる人物だが、彼の描写は皮肉を織り込んだ独特なもので、生没年も定かでない数奇な運命をたどった浮世絵師だった。

入れ墨の色は、黄、赤、青、黒、白、茶などじつに多彩なものだったが、なかには、白粉の入れ墨をして、酒を飲むと肌が紅くなって白の入れ墨が浮き出てくるという凝ったものもあった。また、鳶《とび》職人の入れ墨は、龍や浮世絵風なものが多かった。

彼らは、火事のときはほとんど裸同然で駆けつけ、その肌が人目にふれるために、粋な装飾として彫ったのがはじまりである。しかし、それが普及したときには、勇気を象徴し、人を威嚇する意味も持つようになった。彼らのように全身に多色のものを彫るときは一年以上もかかり、たいへんな忍耐力と費用が必要だった。

そのために、親方などに費用を頼み込むわけだが、親方も、入れ墨であれば断わるようなことはなかった。金を出してくれる親方を持たない者は、だいじなものを質入れしたりしてその費用を捻出した。

〝女房を売ってでも彫りものをする〟というのが鳶仲間の合言葉とさえなった。鳶は江戸名物の火事場と喧嘩場の両方で見せ場をつくる主人公を演じたわけだが、ひどいときには、火事をほうっておいて喧嘩のほうに身を入れて、何軒も延焼させることさえあったという。

いずれにせよ、鳶の入れ墨は彼らのトレードマークであり、火消しの衣装でもあったわけだ。入れ墨の風潮は世界各地にあるが、江戸時代の鳶の入れ墨などは、線の美しさ、色彩の豊かさにおいて世界一だったといえる。

江戸の女性たちも、このような鳶の入れ墨には称賛を惜しまなかった。

現代の女性は、入れ墨をどのように考えているかわからないが、江戸の女性が入れ墨を称賛したということは、やはり女性の美意識もその時代の気風を反映するということであろう。

現在は、カラー写真をそのまま電気仕掛けで入れ墨をするといったものもあって、便利になったが、しかし、その代わり絵師が何年もかけて、丹念に、芸術的に仕上げるという情緒はなくなってしまった。

吉原 14

# 女のロマンチシズムが法律を変えた

粋《いき》すぎし梅の名代の　豊後節《ぶんごぶし》語るな聴くな　心中の種……

浄瑠璃「豊後節」の一節であるが、享保年間（一七一六～三六）、このような浄瑠璃が流行したことと符牒を合わせるように〝心中〟が流行した。昔から日本人は悲しみや哀れさに強く心をひかれたらしい。

浄瑠璃の節回しには、若い男女を死に誘い、人の心を刹那的にする哀調がある。とくにそれが遊女の身であれば、なおのこと自分の身に置きかえて、共通するものをそこに見出し、自分もあの美しい世界に同化しようと願ったのである。そんな悲しい浄瑠璃が歓迎され、〝心中〟を美化する風潮が、享保という時代にはあった。

江戸が名実ともに日本文化の中心になるのは文化・文政年間（一八〇四～三〇）のことであり、享保のころにはまだ上方《かみがた》を模倣している段階であった。市街の整備が進み、日本の各地の商人が江戸に集まって活気にあふれてきたとはいえ、まだまだ植民地、新開地的な性格が残っていた。

当時の江戸の商業を支配していたのは、主として伊勢、三河、駿河の出身者と、紀国屋《きのくにや》、越後屋、松坂屋、白木屋など関西系商人たちであった。したがって、東海道の発展や船便の発達にともなって、上方文化がひじょうな勢いで江戸にはいってきた。

江戸は、文学、芸能、絵画、音楽などあらゆる面で上方の影響を受けることになる。近松門左衛門や井原西鶴の文学、心中芝居も当然江戸にはいってくる。

近松、西鶴の偉大さは、表面の美に酔うことなく、覚めた目で、そのかげの人間世界の悲哀を描ききったことである。

大阪新町の遊女市之丞《いちのじょう》と長右衛門の心中を扱った近松の「心中刃《やいば》は氷の朔日《ついたち》」をはじめ、西鶴の『好色一代男』などは芝居や狂言になって大阪三座で上演され、熱狂的な歓迎を受けていた。

これらの心中賛美の芝居がきっかけになって大阪では心中が大流行し、大阪新町の遊女だけでも久代屋の紅井、紙屋の初之丞、天王寺屋の高松、和泉屋の喜内、見屋の久米之介、住吉屋の初伏世、小倉屋の右京など枚挙に暇《いとま》がない。この心中の流行は、娘や人妻、商人、武士のあいだにさえ及んだ。

堺材木町糸屋の娘お初と、手代《てだい》久兵衛の心中、大阪島の内の額風呂の湯女《ゆな》小三と俳優金屋金五郎との心中、大阪の醤油屋平野屋の手代徳兵衛と曽根崎のお初との心中…、これら現実の話が、近松や西鶴の筆によって華麗に美化されて芝居になる。

色男の俳優が演じるその美しくも悲しい芝居を見る女性たちは、わがことのようにはらはらと涙を流すばかりか、それが高じて、とくに大阪では連鎖反応的に心中が流行したのである。

なかには、心中文学や芝居に自分たちのことが取り上げられることを期待して、浮き名を流したいという、いわばジャーナリズムを当て込んでの一種の虚栄心から心中をはかる者さえ出てくる始末である。

いざ心中となると、女性はめったに心変わりしない。自己陶酔から、ますます強く心中を決意する。その点、男のほうが未練がましい。現世の楽しみの味でも思い出すのか、この期に及んでぐずぐずする。

女性は、恋愛にこそ自我の解放を求め、自分をしばる〝家〟から脱けだそうとするのであろうか、いつの場合でも、女性のほうが度胸がすわるものらしい。

しかし、大阪での心中の流行も、享保五年（一七二〇）ごろには下火になり、「男女、心中といって共に死すること、京大阪の風なりしが、今はいつしか江戸に移りて、年々絶えず」（『窓のすさび』）というふうに大阪よりひと足遅れて、こんどは江戸で心中が流行するのである。

江戸における心中といえば、まず、吉原の遊女と客の心中と相場が決まっていた。なかには男色関係による同性心中のような毛色の変わったものもある。上方文化が江戸に流入することにより、心中のように、上方と同様の世相風潮が、享保年間、江戸にも現われたということである。

幕府では、江戸での心中の流行を阻止するために知恵をしぼった。その結果、享保七年の心中浄瑠璃と芝居上演の厳禁である。心中というよび名も、ロマンチックでいけないとして禁じられ、〝相対死《あいたいじに》〟と響きも悪い言葉に変えられた。

心中をした者の死体は裸にして晒《さら》された。もし心中未遂であれば、三日間晒しものにしたうえ、物もらいとして扱うことにした。これではまったく夢がない。死の苦しみにあがいた顔を標本にしてみせつけるようなものである。せっかく苦労して心中を美化した当時の文人、戯作者も驚いたであろう。


寛政五年（一七九三）二月、心中の禁を破った女性が、大阪千日前《せんにちまえ》の墓場で晒しものになったが、なにしろ全裸の女性が晒されているのだから見物人がおおぜいつめかけた。

この「みせしめ」のための晒しものは、ただ見物人を喜ばせただけである。

江戸では、旗本の藤枝外記が吉原の遊女綾衣と心中して、家禄没収のうえ、同じように死体は裸で晒された。心中未遂では、神田酢屋丹波屋九郎兵衛と吉原の遊女音羽、元津軽士原田伊太夫と吉原の遊女尾上などがいるが、いずれも日本橋で晒されたあげく、乞食頭《こじきがしら》の車善七に身柄が引き渡されている。しかし、車善七に引き渡された身柄は、親類が車善七に金を渡してこっそりともらいさげてきた。

全裸で晒しても見世物になるだけであり、車善七に引き渡してももらいさげられたから、心中の禁令も多少の効果はあったとしても刑罰の意味をなさず、やがて撤廃される。本来、法律で禁ずる筋のものではないと気がついたのであろう。

やがて町人文化が江戸に定着すると、吉原においても〝粋〟や〝張り〟が尊ばれる気風になり、心中というものはもっとも不粋で、陰惨なものとして自然に減っていく。時代の推移による変化は微妙なものである。

しかし、江戸文化が頂点に達する文化・文政のころから幕末にかけては、遊里以外の市井のあいだに心中が増加した。この風潮は、遊女と客との情死とは異なり、経済的な生活破綻から起こるものが主であった。

ヨーロッパでは、大天才ゲーテが『若きヴェルテルの悩み』で、若く美貌の人妻シャルロッテに対する愛と死を描いた。

この本が出ると当時の若い青年のあいだではにわかに自殺が流行した、というのは有名な話だが、ゲーテがこの『若きヴェルテルの悩み』を書いたのは一七七四年（安永三）だから、日本で心中が流行した享保年間より遅れること約半世紀である。

## コラム　江戸の性意識の倒錯と退廃は、社会変革の予兆だった

昨今、ラブホテルとかモーテルなどというデート施設がたいそう繁盛しているようだが、江戸時代でもこの種の旅館——出合《であい》茶屋がかなり栄えていた。

いつの時代でも、性意識の倒錯と退廃は、社会変革の予兆として現われるようである。これを風紀紊乱《びんらん》だとか、性の解放だとかいってみても、歴史的にはほとんど意味がない。

幕末のころの出合茶屋の風俗は、近松や西鶴の描いた情緒や、美化された男女の逢引きが姿を消し、即物的で、なまなましい性の営みが表面に出てくる。江戸の川柳で、このころの風俗を探ってみると、

出合茶屋　いけまいまいと　手を洗い

おそろしく　したと掃き出す　出合茶屋

茶屋では、ぶつぶついいながら、客が帰ったあとの部屋を掃き出すが、紙屑が山にでもなって

いたのだろうか。ずうずうしい客になると、供《とも》を連れて来て、供に廊下で酒をあてがいながら待たせる者もいたという。

日本人の美徳ともいわれる恥じらいなど、はいる余地はなく、ドライなものである。

はちす葉の　真中に来て　後家《ごけ》よがり

不忍池《しのばずのいけ》に突き出した茶屋の一室における、未亡人のデートであるらしい。不忍池は蓮の名所であったが、仏教では死んで極楽へ行くと蓮の葉にすわることになっていた。未亡人がその蓮の葉に囲まれる一室で、この世の極楽に身を任せたという句であろう。

とめるなよ　仏が来ると　いろは茶屋

女に引きとめられている僧が、きょうは葬式があるから、もう仏様が来ているかもしれないと、慌てて帰る。こんな助平なお坊さんに葬式を出してもらう仏様がかわいそうである。

それでは、江戸時代の性の自由さとはどんなものだったのだろう。

江戸時代には「娘の密通」という言葉があった。妻が不貞をはたらくことを〝密通〟というのであるが、未婚者である娘に〝密通〟とは筋が通らない。これは、社会が公認しない性は一種の不貞行為だとする考えがあったからである。

とはいえ、正式に結婚していない女性の性は、まだ所有者がいないという考え方もあり、一面では自由なものであった。

眉を剃って、歯を黒く染めるということは、結婚をしていること、つまり性の所有者がいるということを表わす。未婚者は芸者と同じように歯も染めず、眉も剃らなかった。要するに、未婚と既婚はひと目で区別がつき、一部の男性にはつごうがよかったものであろう。

しかし、女性は一度結婚すれば、たとえ夫と死別したとはいえ「二夫にまみえず」という通念があり、既婚女性の貞操観念は厳格に守られていた、と、一見思われそうであるが、かえって、性がオープンになったと思われるふしがある。

女性の貞操観念が厳格であったのは、既婚女性で、夫が現在いる場合であった。それは、社会的にみて、子どもは男、そして家のものであり、女性の性そのものが夫や家に管理されるものと考えられていたからである。

そんな理由もあって、人妻のほかは意外に性の自由があった。娘の性もおおらかで、未婚の母など相当いたらしく、中条《ちゅうじょう》流の医者はたいへんなはやりようであった。また、未亡人などは自らすすんで性を求め、若者を誘惑したりしていた。


現代の女性の中には、性を一種の遊びのように安易に考える人もいるようだが、当時の娘にしても、遊びとまではいかないにしても、好きな男性に身を任せることは自由であった。

また未亡人にしてみれば、未婚者ほど性を恐れることもなく、大胆で自由な振る舞いもできたのであろう。当時、妻は夫の死後一年は喪の期間ということで、未亡人の扱いにはならなかった。

そして一周忌ののち、子どものいる場合は隠居のような地位に退き、後継者のない場合は主《あるじ》として家の采配を振るう。後継者のあるなしにかかわらず、性の管理者がいないのであるから、その性は女性の自由意志であると考えてよいようだ。

ともあれ、江戸の未亡人はよく若者の〝性教育〟の教師にもなる。また、いっぽうで再婚を願って、若づくりの化粧をして、派手に振る舞っていた。このような事実を考え合わせると、江戸時代の性意識も、存外おおらかであったことがわかる。

いっぽう、男性の場合の〝性〟はどうだったかというと、妻のある身であっても、妾《めかけ》を持って、何人の女性と関係を持つことも自由であった。その点だけをみると、いかにも男尊女卑で、男の身勝手のようにみえるが、一概にそうともいえない。

女性は、嫁、妻、母として、一家の生活の中心にあり、家を支えているという自覚と誇りがあった。この自覚と誇りが、自らの性を規制し、夫のわがままをも許容させたということであり、だからといって、女性が忍従や隷属ばかりを強いられたのではない。女性を被害者扱いすることこそ、女性を侮辱するものである。

夫が惚れた遊女を身請けするために、だいじなへソクリを出してやるという〝美談〟なのか〝冗談〟なのかわからない話も、妻の座の余裕を示すものだといえる。

ともかく、江戸時代の女性の〝性〟も、未婚者や未亡人にかぎれば、それほど窮屈なものではなかったということである。

コラム

## 女は、なぜ自由に離婚できたか

江戸時代には、男が〝三下り半〟を書いて突きつけさえすれば、嫌気のさした女房と簡単に離縁ができた――と、いまの男たちはそう考えるかもしれないが、それは落語の世界だけのことであって、事実はそう簡単にはいかなかった。離婚などはむしろ現代よりもずっとむずかしい。

いまの若い人たちは、理由はどうあれ、両者が話し合って判を押せば、それっきり夫婦の縁が切れて、今日からでも他人になれる。

ところが当時は、いい加減な理由で別れようとすると、財産は没収のうえ、〝百敲《たた》き〟といって、裸にされたうえ背と尻を容赦なくたたかれ、気を失うと水をかけられて、またたたかれ、片輪になるほど痛い目に遭わされた。

さらに、〝所払い〟といって、居住権を奪われることさえあった。住むところを奪われるのであるから、これは牢屋に入れられる以上の苛酷な制裁であった。

だいたい昔の結婚制度は、嫁の持参金（田畑など）は婿方へ入れられるものの、これは贈与ではなく、結婚継続の保証金と考えられ、万一離婚するような場合には、夫は全額を妻に返さなければならなかった。たとえば嫁入道具は、結婚しても夫婦の共有にならず、嫁の私物とされていた。であるから、夫が〝三下り半〟を出すとき、もし嫁の着物を質に入れてあるとか、たとえ塵紙《ちりがみ》一枚でも勝手に使ったりしていた場合、横領罪が成立したわけである。夫が書いた〝三下り半〟に、夫が勝手に使った品物の名を書き添えて、これを持って嫁さんがおそれながらと奉行所へ訴え出れば、夫は入牢か、百敲きの刑を受けることになる。

現代の離婚とくらべてみれば、はたしてどちらが簡単か、容易に理解できるであろう。どんな男でも、ついうっかり妻の塵紙を使ったり、鬢《びん》付け油を借用したりぐらいはしているものだから、妻に訴え出られたら目も当てられなかったはずである。

それでいて、嫁のほうは、結婚すれば完全に男の家のものとみなされるから、男のものや家のものを消費してもいっこうに問題にならなかった。

したがって、〝三下り半〟をたたきつけるには、ふだんから慎重に振る舞い、女のものにはいっさい手をつけない、という主義を貫き通していなければならなかった。

とはいえ、貧乏長屋の嫁などは、持参金も嫁入道具もほとんど持ってきていなかったから、男は気楽であったようである。〝三下り半〟は、だいたい次のような書式で書かれていた。

去り状の事。其方儀、我等意に添わず、依って離縁致候事実証也、向後如何なる所に縁付候とも吾等《われら》一切違乱申すまじく候、仍而《よって》如件

年月日　　　　男名　印

女名　殿

この〝三下り半〟の後半に、再婚しても文句をいわないと添えてあるのは、これが離婚の証拠になるからで、先夫が発言権を放棄したことを念のため確認したことになる。

男のほうも、この〝三下り半〟を出さないで、嫁と離縁し、別の女と再婚すると、前述したような所払いになるので、男にとってもこの〝三下り半〟は重要な証文になったのである。

もちろん、女も離縁状をもらわないうちに再婚すると、髪を剃られて実家へ帰されたうえ、仲人は罰金をとられた。髪は女の宝とされていたから、罰として男はその宝を奪ったのであろう。

女のほうからどうしても離婚したい場合は、「駆込寺《かけこみでら》」（縁切寺《えんきりでら》）にはいって尼になり、そこで二年間辛抱すると、自然に離婚が成立することになり、それから実家に帰って、再婚できた。

封建制度のもとでは、女が一方的に虐《しいた》げられ、分が悪かったように考えられがちであるが、江戸時代の結婚制度は、女にとってなかなか合理的な仕組みにできていたのである。

女のほうからの離婚は、実家から申し立てることになっていた。

しかし、この場合、男が嫁の着物を無断で質入れしたとか、売り払ったというときにかぎられ、〝男に働きがない〟とか〝浮気をした〟ぐらいでは申し立てはできない。男の浮気や甲斐性なしが理由で、女がどうしても離婚したい、そういう場合に駆け込み寺へはいるのである。

〝駆け込み〟は、はじめはどこの尼寺でも受け付けたが、のちに鎌倉の松ヶ岡東慶寺だけにかぎられるようになった。尼寺は、女だけしかはいることが許されなかったから、女がここへ逃げ込めば、男はどうすることもできない。女が寺の門前まで逃げて来て、寺の山門は閉まっている、そこへ男が追いかけて来て、いまにもつかまりそうになる。

　この場合、履いてきた下駄を寺へ投げ込めば、男はもう手が出せないことになっている。ずいぶんのんきな話であるが、当時の寺は家庭裁判所のような役割をはたしていたのである。女権尊重の点からみると、江戸時代はなかなか進んでいたといわねばならない。

大奥1

# 歴代将軍を短命にした、大奥女中たち

江戸時代の徳川将軍の私生活については、秘中の秘であって、当時の庶民にはその片鱗さえうかがい知ることができなかった。世が世であれば、このような文章を書いただけでも首がとび、連帯処罰法にもとづいて親族・妻子、向こう三軒両隣は島流しに。

江戸大奥は、それほど一般大衆から隔絶されて、神秘のベールの中に閉ざされていたのである。

江戸城中には、政治を動かす「表」と、将軍の私生活の場である「奥」があり、その奥にも「中奥」と「大奥」があって、大小二百近い部屋が将軍のいわゆる〝家庭〟であった。

大奥での将軍の生活は、千人の美女に囲まれて、おおげさにいえば女護ヶ島《にょごがしま》に一人の幸運な男が降り立ったようなありさまで、庶民には想像もできないものだった。

将軍の周りにいる女中衆も千人を数え、それぞれに職名と定員が定められていて、それこそ一大軍団を形成していた。

たとえば、〝中﨟《ちゅうろう》三人〟〝御年寄七人〟〝中年寄三人〟〝御客会釈《えしゃく》五人〟〝御中﨟八人〟〝御坊主四人〟というふうで、それぞれの役割があり、こういう役職者が二百人以上を数える。これは将軍一人につくものであって、御台所《みだいどころ》といわれる正夫人にも同数ぐらいの女中衆がついていた。

さらに、そういう役職者にも三、四人の平《ひら》の女中がついているのであるから、家族構成は大会社なみの組織であり、部外者にはその組織がどうなっているのか、まったく理解できない。

このような女ばかりの中に男が一人囲まれて生活していれば、気の弱い男であればノイローゼにでもなってしまうが、その点、さすがに日本の歴代将軍は気の強いお方ばかりであったようで、ノイローゼの話は聞いたことがない。

しかし、ノイローゼにこそならなかったが、歴代将軍には、長寿といわれるほど生き長らえた者はいない。これは、肉体鍛練にはなはだしく欠けていたこと、伝染病に対する衛生知識が乏しい時代であったこと、などの理由もあるが、それと同時に、女護ヶ島の住人という異常環境にあったことが原因しているようである。

江戸中期における大奥は、一年間の必要経費二十万石（現在の百億円ぐらい）という莫大な予算を背景に、絢爛豪華の生活が営まれていた。

大奥の廊下は、端から端までが一町（約一〇九メートル）以上もあり、部屋数も二百室近い。うっかり回ると迷子になってしまう。また迷子になるように設計もしてあるわけだが、将軍の寝所は大奥の西南の隅にある小座敷であった。

布団は、厚板物（能の衣装に使うような厚地の織物に、金欄《きんらん》の縁《ふち》をとった厚さ五、六寸〈一五センチ前後〉のもの）を二枚重ねて敷き、さらにその上に御肌付きという敷き布団を重ねる。掛け布団は五枚。まったく小山のような床であるが、言語に絶するほど豪華なものだった。

将軍が寝所の小座敷へはいるのは通常亥《い》の刻（午後十時）ごろで、そこで御台所としばらく雑談を交わされる。待上臈によって、茶や酒が供されることもあった。

将軍が寝間着に着替えるときには、周りの者が手伝い、それが終わると床に屏風を立て回して、次の間へさがる。

その次の間では、お年寄りや中臈が不寝番で待機し、将軍のよび出しがあれば、いつでも応じる態勢にあった。

将軍は正夫人である御台所と寝所をともにすることは少なく、おまけに正夫人は二十七歳になると〝おしとねおすべり〟という妙な願いを出す。本人の意志など関係ない。これを出さないと〝好き者〟扱いされて笑われてしまう。

将軍はこの日を待ってましたとばかり活躍がはじまる。中臈や上臈の中から身代わりが選ばれる。彼女らは〝御しとね御免〟といって、将軍の申し入れを断わることはできるが、将軍から指名されることを無上の名誉と考えていたから、拒否する者はまずいない。

指名を受けた者は、総白無垢《しろむく》の服装で、髪を櫛巻《くし》きして髪飾りなど身につけず、一時間まえから別室で待機することになっていた。このとき、御年寄がその者の髪を梳《くしけず》ったりして、凶器や怪文書を忍ばせていないかどうか、身体検査を行なった。

寝所では、将軍の床を中央に、その右に付添人のような中﨟の床、左側の今夜の添い寝をする者の床を敷き、付き添いは将軍に背を向け、添い寝の者は将軍のほうを向いて寝ることになっていた。

付き添いの者は、将軍のほうを見ることも、眠ることも許されない。一晩じゅうお戯《たわむ》れあそばす二人の会話に聞き耳を立て、動作を覚えておく、という厄介《やっかい》な任務がある。

この付き添いのほかに、隣室には不寝番が控えているのだが、そのような監視のもとで将軍の性生活が営まれるのであるから、その夜のお伽《とぎ》の女性の気持ちはどんなものであったろう。

こうして一夜が明けて、朝六ツ半（午前七時）ごろ将軍はお目覚めになる。それまで周囲ではいっさい物音を立てることを許されないが、将軍お目覚めの気配で御鈴番が大声で「モウー」と叫ぶ、これを契機にまた、慌ただしい朝がはじまるのである。

翌朝、付き添いの者も、お伽の女性も、前夜の一部始終を年寄に報告することになっていた。「昨夜は格別の御打ち解けにて○○の物語これあり○○回御戯れこれあり候」といった文章にして提出するのだから、考えてみれば、ずいぶん奇妙な話である。

大奥ではその異常がふつうのこととして通用していたわけであるが、考えてみれば、ずいぶん大仰な〝子守唄〟でお寝《やす》みになったものである。

なぜそのような面倒な手続きを踏んだかというと、これがお世継ぎを決めるときの重要な証拠固めになることと、同衾《どうきん》中に将軍を口説いてお墨付きをもらうようなことを防ぐためであった。

将軍は何人もの別の女性に子どもを産ませるわけだから、どちらに世嗣《せいし》の優先権があるか、これは重要な問題である。

これは余談になるが、双子が生まれた場合、西洋では出産順に、先に母体から出て来たほうが早く生まれたから兄（姉）とされる。日本の場合と逆である。日本の場合は早く受胎したほうが奥にいて、あとから母体を出てくるから、遅く生まれたほうが兄（姉）という考え方をとる。

ともかく、日本人のものの考え方で、将軍の世嗣の種がいつ、どの母胎に宿ったかを、厳密に記録しておく必要があったのである。その意味では、これは世界にも類例のない〝性の記録〟であり、徳川三百年の安泰には、異常ともみえるこのしきたりが大いに役立ったとも考えられる。

大奥2

## 時代に無言の圧力をかけ、幕府を滅ぼした奥女中

封建社会というものは、すべていまの常識では考えられない、不自然かつ不思議なことが多い。たとえば幕府の大きな経済的負担となり、やがて倒幕の誘因となったのは財政貧困であったが、その最大の原因として、将軍の大奥における身辺生活があげられる。

歴代将軍の生活については、いままであまり知られていないが、次にそのあらましを述べてみよう。

将軍は毎朝七時に起床し、八時までに洗顔して、仏間を拝み、あるいは髪を梳《す》いてもら

い、医者の健康診断を受けた。医者は四人ずつ左右から出て来て、反対側の手の脈をみて引き下がり、医者同士が相談して、その日の健康状態を打ち合わせると、やがて朝食となった。食膳を出すまえに飯の量を計っておき、下げたときにまた計って将軍の食欲を調べた。

これらが将軍の健康管理の唯一の手がかりであって、医者も身分が違うから無言のうちに診断して問診をし、医学的に確かな診断ができたとはいえない。

将軍は昼まではぶらぶらして、昼食になると、やっと自分で注文した食事がとれた。朝食はかならず味噌汁とキス（魚）と野菜の煮物に決まっていて、昼になってから、御膳奉行が持ってきた献立を選ぶことができた。


将軍はだいたいに常識がないから、板に書いた献立の一つを扇で示すだけであって、ひどい例になると、三つさしたら全部が汁であったこともある。したがって栄養の偏りができるうえに、たいへん好ききらいが多かった。

たとえば家斉《いえなり》公は、ショウガが好きで一年じゅう注文したので、冬には板橋の宿に命じて促成栽培をさせたほどで、そのために板橋はショウガ栽培で無税になった。家斉のエネルギーのもとは、ショウガであったのかもしれない。

午後は文武両道といって、武道と学問を行なった。学問は、林大学頭《だいがくのかみ》が、「四書五経《ししょごきょう》」の素読をするのを、一段高いところから下の座に直って聞くのだが、一度も試験がないから、理解のほどはだれにもわからなかった。

武のほうは、柳生但馬守《やぎゅうたじまのかみ》が剣道指南をしたが、将軍は竹刀を持って道場の床を三回たたくだけなので、上達するはずはなかった。

趣味といえば、金魚を眺めたり、鳥を飼う程度で、家斉などは七面鳥を飼っていて、そのまねをするのが得意であった。将軍が輿に乗って鳥のまねをする情景はとても想像もできない話である。

現代の六時ごろに夕食が出て、これも注文できたが、偏食を重ねるので体位は劣っていた。風呂にはいる際もいっさい手を使わず、女中が糠《ぬか》袋で洗ったが、全身を洗うのに糠袋を十個ほど用意し、体の一部分を洗うごとに取り替えて、使用ずみのものは世話をした女中の所得となった。

風呂から出ると、手拭でじかに将軍の体を拭いてはいけないので、浴衣を十数枚用意し、一枚ずつ着せて上からさすって汗を取った。この浴衣も肌つきといって二回使えないので、奥女中の所得になり、また朝も白縮緬《ちりめん》の寝間着《ねまき》が下げ渡された。


将軍の正夫人は、二十七歳になると母体保護の名目で、おしとねおすべりといって、将軍との夫婦生活をしなくなった。そして大奥にいる二十名のお中臈が将軍の相手をした。

彼女らは老女の支配を受けていて、老女が将軍に女をすすめた。女たちはそれぞれ老女に賄賂《わいろ》を使って将軍に近寄ろうとするが、将軍は女が多いので名まえを覚えられず、昼間のうちに、こういう柄の打ち掛けを着た女はなんと申すかと、老女に聞くと、それで話がわかって、その女がよばれた。

時にはお中臈以外の奥女中を気に入ることもあり、そうなると中臈の一人が地位をはずされた。このように新しい女も加わるので、実際に関係を持つ女性の数は多く、家斉などは四十名以上の女性と関係し、その中の二十七名から総勢五十名の子が生まれた。

大量生産なので、約半分しか育たなかったが、二十七番目の溶姫《やすひめ》は、前田泰斉《やすなり》という加賀百万石の大名と結婚した。将軍家の娘をもらうときは、大名屋敷の中に御守殿という御殿を新しくつくり、門も御守殿門という別の門をつくった。この前田家の下屋敷はいまの東京大学の敷地に当たり、溶姫の御守殿門はいまも赤門とよばれて残っている。

その結婚式のときには、夫が将軍家に約束の誓紙を出し、溶姫様のため第一に存じ奉り云々、つまり姫様に一生忠義を尽くすという約束をしている。東大を象徴する赤門は、じつはこのように〝日本人最多産記録の記念碑〟ともいえるわけである。

こうして子どもを多くつくるのは、血縁をふやして各大名と姻戚関係を結び、幕府への反抗を防ぐという政策と、血統をもって家を存続させるという思想のためであった。

奇抜な例では、あまりに女性関係が多くて、長男と次男の区別がつかないことも起きた。そこでこんな場合の必要から、将軍の寝所で別の女性が起きていて監視し、その報告によって受胎の順位を記録することを行なった。

このように寝室を監視するなどという非常識なことをはじめ、大奥の生活はおよそ不自然と非科学と不合理に包まれていた。しかも女性は大奥の三つの局《つぼね》に多いときは約二千人も住んでいたので、その費用は実に膨大であったのである。

たとえば、水野越前守の天保改革が失敗したのは、大奥の女性の化粧品を制限したのが原因であったといわれるほどで、じつは無言の発言力を政治に対し持ち、時代に圧力をかけ、やがて自分らが寄生している幕府をさえ滅亡させていったのが、この多数の大奥の女性たちであったということになる。

大奥3

# 歴史的スキャンダルをつくった大奥の女

大奥女中の醜聞《スキャンダル》として有名な「江島《えじま》・生島《いくしま》事件」と並んで、江戸市中でたいへん話題になったものに「延命院事件」がある。

大奥といえば、一般の庶民にはうかがい知れないヴェールの中であるだけに、その大奥女中と美男僧が情痴《じょうち》に耽《ふけ》っていたという事件が、評判にならないわけはなかった。

そもそも大奥は、千人もの美女と、ただ一人の男性である将軍が生活している、いわば女護ヶ島《にょごがしま》であり、その住人、つまり女中たちは選ばれた美女ぞろいで、年齢も十八歳から二十八歳ぐらいという異常な世界である。

おおぜいの女性がこういう世界で生活をしていれば、ふつう以上に男性に対して興味を持つのは当然であろう。

また大奥は、政治に対しても隠然たる力を持っていた。大奥に気に入られれば、高い地位にのぼることも容易であったし、反対に大奥の機嫌を損ねると、どんな高い地位にいる者でもその身が危なくなりかねなかった。

水野越前守《えちぜんのかみ》が天保の改革に失敗したのも、柳沢出羽守《でわのかみ》が百万石のお墨付きをもらったのも、大奥の口出しのためだといわれるほどの権勢があったのである。

そのため、町人は利得のため、僧侶は地位保全と寺院繁栄のために、大奥の気に入られようと汲々《きゅうきゅう》としていた。ふつうの女中衆は、町人の娘などもいたし、代参《だいさん》などで市中に出る用事もあったから、外出はさしてむずかしいことではなかった。女中衆が外に出て来ると、利用しようとする側はなにかと理由をつけて彼女らに近寄って行った。表沙汰にこそならないが、小さな事件は数えきれないほどであった。

しかし、この延命院の一件は、愛欲の底深さにおいて類《たぐい》まれな僧侶とのスキャンダルとして、江戸の歴史に名をとどめている。

この事件が起こったのは享和年間（一八〇一～〇四）。その主役は、大奥女中の粂村（お粂ともいう）とその侍女おこう、そして延命院の僧侶日当である。

粂村は、駒込片町の大館八九郎の娘で、その粂村が大奥に奉公に上がるときに付き添って行ったのがおこうである。

一方の日当は、はじめ道暁《どうきょう》と名乗り、京都護国院《ごこくいん》の院代僧道義《どうぎ》の子といわれている。延命院にはいった日当は、学問ひと筋に仏法をひたすら修行するまじめな学僧で、世人に聖僧とたたえられるほどであった。

ここに、彼の加持祈禱《かじきとう》は霊験《れいげん》あらたかだということで、善男善女が門前市をなすほどの評判であった。それくらいであるから、大奥からも厚く信仰され、莫大な奉納金があった。

この日当は学問もかなりなものであったが、それより、仏門にはいる以前、女役として芝居に出ていたほどの美貌の持ち主であったから、美男僧として、女性の信者が群れ集まった。

さて、日当とお粂の父大館八九郎が知り合いであり、お粂とも旧知の間柄であったことから、この事件の幕が上がる。

ある年、お粂がおこうを伴って宿下がりをしているとき、日当と再会する。かつて日当にほのかな恋心をいだいていたお粂は、この再会によって急速に燃え上がり、思いのたけを日当に打ち明ける。お粂は、中老《ちゅうろう》という職名ではあるが、二十一、二の女盛りであるから、日当のほうでも、まんざらでもなかった。

まじめな学僧日当も、お粂が二度目の代参のときの熱意には抗しきれず、ついに戒を破ってしまう。この延命院に柳全《りゅうぜん》という、日当の上司に当たる役僧がいたが、日当の堕落を知ると、叱るどころか、さらに煽《あお》りたて、けしかける始末である。

「おまえも五戒の一つを破ったからには、俗人も同様である。今後は酒を飲み、肉を食べ、表面はとり澄まして、ひそかに俗人の楽しみを味わったほうが、どれほど人間として幸せかもしれない」

柳全は僧とはいえ、なかなか俗っぽい人物だったらしい。

以後、柳全は、祈禱に来た美しい娘を、わざと日当と結びつけるようにしむけるようになる。日当も、はじめのうちこそ反省もし苦悩もしたが、どうせ戒を破った身だからと、堕落の道を転がり落ちて行く。

やがて、柳全と日当は、寺の建物の一角に密会用の特別室をつくり、参詣に来た女性のなかから気に入った女性がいれば、この部屋に引き入れて情痴に耽るようになる。考えてみれば天才的なプレーボーイである。

日当は、そのあいだにもお粂だけではなく、侍女のおこう、大奥中老の初瀬《はつせ》とも情を通じていた。別室でこのような〝特別祈禱〟を受けた女性も、美男の僧に愛されたことで満足し、口外する者はいなかった。したがって、この醜聞も外部にもれることはないはずであったのだが・・・。

しかし、悪事はいつか露見するものである。お条は、代参のときの密会だけでは我慢できなくなる。そこで、あろうことか、日当を女装させ、妹と偽って大奥へ引き入れたり、門番を金子《きんす》で買収して、日当と忍ばせた長持を運び入れたりしていた。

その日当は、お条の隙をみてはおこうなどとも情を通じていたが、これがお条に発覚して、嫉妬に狂ったお条は、おこうの太腿を槍で刺すというハプニングまで起こしてしまった。

この刃傷沙汰《にんじょうざた》も表面をとりつくろって、たいした問題にもならず、なんとか一件落着するかのようであった。しかし、このことはしだいに人びとのうわさにのぼり、「延命院の一件」として、のちのちにまで語り伝えられるようになるのである。

大奥4

## 田沼意次が賄賂政治で失脚は大うそ

江戸時代では、老中の執権者が己の生存の条件を見きわめえずに失脚した例が多い。賄賂政治の代名詞のようにいわれる田沼意次《たぬまおきつぐ》・意知《おきとも》は、賄賂で失脚したことになっているが、じつは印旛沼《いんばぬま》干拓の失敗が主原因である。これに金がかかりすぎ、しかも未完成に終わったことに対する批判が「賄賂政治」云々の形をとって現われたにすぎない。

その賄賂にしても、だれだれが何石贈ったということを集計した資料があり、それによると、なんと田沼への賄賂は日本の一カ年の産米額（四千万石）より多い年がある。そんなことはありえないし、賄賂金についても、その当時の日本全国の保有金よりも多いから、それもこれもみな、うそである。

人間、下り坂になると何もかも針小棒大に悪くいわれてしまうものは、昔も今も同様だ。賄賂政策は儀礼的にはあったのだろうが、世にいわれているほどではなかったと思われる。もし田沼親子が大規模に収賄したのであれば、居城である静岡県の相良《さがら》城をなんとかしているはずなだが、ここは最後まで貧乏藩だった。したがって一家の生活は質素なものであったろうと思われる。

田沼が失脚した原因として、系図を偽造したとか、なんとかいろいろいわれるが、根本的には、〝身のほど知らずに〟出世しすぎたということだ。一般に、老中になる家は井伊家、堀田家というふうに決まっている。そこへ田沼という成り上がりの下級藩がの藩主がはじめて老中になって幕閣で働くには、最初から相当無理があったということである。

同じことは「天保の改革」というシブチン政治を断行した水野忠邦（越前守）についてもいえるが、彼の場合、女の怨嗟の的となって身を追われた、とも言われる。水野は老中になるために唐津から浜松へ転封して来たが、それでも六万石。老中というのはたいへん交際費のかかる仕事だから水野家は火の車である。

さらに、手がけた仕事は「天保の改革」という理想主義の政治である。それにはまず足元から改めるようというわけで、老中たちは大奥へ賄賂を贈るのが通例なのに、水野は一文もやらない。それどころか、大奥の大リストラを画策したが、和宮の大叔母である姉小路という大奥に君臨する実力婆さんに大反対されてしまった。

それで、すっかり大奥の女にきらわれ、恨みまで買う始末。これでは老中としての身の安泰は保てない。これまでの例からみても、大奥の女にきらわれた老中はたいてい失脚している。反対に、大奥政策に力を入れた柳沢吉保《よしやす》は、五十石のお小姓《こしょう》からとうとう大老にまで出世した。

大奥に金品を贈って、綱吉の身辺をすっかり買収したからだ。水野はそれを全然やらずに失脚してしまった。失敗した人間というのは、「寛政の改革」の松平定信を含めほとんど理想主義者なのである。理想をかかげるのもいいが、身のほどを知らず、力を持った女性を敵にまわしてしまった男の誤算だったといえる。

大奥5

# なぜ、江戸時代、堕胎医が繁盛したのか

堕胎薬は一種の流産薬で、〝月水留丸〟〝月さら之〟〝朔日丸《ついたち》〟〝月水早流し〟などがあり、表向きは通経剤として売られている。「屋称様於路志薬」などと書くと難しく聞こえるが、これは〝赤坊下し《ややさまおろ》薬《やく》〟の当て字であり、いうまでもなく堕胎薬である。

当時、堕胎をする医者のことを〝中条流〟とよんだが、

中条で　いつもおろすが　内緒の子
中条で　たびたび堕ろす　蔭間《かげま》の子

この場合の中条は、もちろん堕胎の意味である。元来、中条流というのは桃山時代の産婦人科医、中条帯刀《たてわき》の名から出たもので、この中条による産科書が寛文八年（一六六八）に刊行され、あまりにも有名になったところから、堕胎の代名詞に使われるようになったのである。

西鶴の文学の中にもしばしば〝中条〟の言葉が出てくる。

また当時の薬で効果があったとされているものに、蚕の糞を乾かして粉末にし、それにイヌコズチの根をまぜて飲むものがある。しかし、おおむね妊娠したものを中絶する通経作用を利用したもので、母体を痛める危険なものが多い。

堕胎のことを別名〝下し〟とか〝流し〟〝水にする〟などといった。「すべてなかったことにして、さっぱり水に流します」という挨拶は、この中絶からきたもので、〝水に流す〟

とは海や川に塵を流して捨てるの意ではない。われわれはたいへんな挨拶をふだん口にしているということになる。挨拶になるくらいだから、胎児を水として流すことがいかに常識化していたかということで、思えばおそろしい話である。

また、生涯のうちに九十数回も堕胎した女性がいて、毎夜〝おんぶしてくれ〟〝醜いか様〟と泣く話があるが、隔月に堕ろしたとして、九十数回といえばほぼ二十年間になる。いくらじょうぶでも、これでは母体がもたない。

「間引き」はさらにおそろしい幼児殺人法である。子が生まれると、産婆か母親がその子を膝でおさえて窒息死させる、というまことに非人道的なものだが、農民はもっぱらこの方法を用いた。当時の『老婆心話』という書に、

「三子あたりよりは、多くは間引くとて、生産すれば、直ちに膝下に加えて、敷き殺すとなり、畜獣といえども、生を得るもの其の子を愛せざらんや、この風俗つとめて停止したきことなり」

とあり、間引きは無知と生活難から生じた悲痛な手段というほかはない。これは封建制度下の農村の暗黒面を示す以外のなにものでもないが、この風習は明治以後も戦前まで、東北の寒村などでひそかに続けられてきた。

幕府は、間引きを禁止する布令《ふれ》をたびたび出したが、暮らしの貧窮は一片の布令でこの〝必要悪〟を根絶させることはできなかった。

農民にくらべて暮らしに困らないはずの大名の家庭でも、産児制限が盛んに行なわれていたのは、すでに述べたとおり家督相続を複雑にしないためだが、もうすこしくわしく説明しよう。

大名の家の正夫人におさまる女性は、比較的肉体的に弱い深窓《しんそう》育ちの女性が多く、高齢の分娩の危険を避ける理由もあって、三十歳前後になると閨房《けいぼう》生活をしりぞき、侍女の中から自分の身代わりを推薦する〝御しとねおすべり〟の制度があった。

大名はその身代わりの女性のほかに、何人かのお気に入りの妾を持っているのがふつうで、正夫人に男子の誕生がない場合は妾腹《しょうふく》の子であっても男子は歓迎された。

しかし、正夫人に男子があれば、妾の産んだ男子の処置は頭の痛い問題にもなる。実際、これが原因でお家騒動が起こった例は数えきれないほどあり、将軍家や大名においても産児制限はだいじな問題である。

徳川光圀《みつくに》が、兄の頼重を凌いで家を継いだので、自分の側女《そばめ》たちには厳重に堕胎を命じ、兄の子に自分の跡を継がせるように配慮したのもそのためであった。

大奥6

## 経済不安が生んだ、江戸版・援助交際——〝安囲い〟

現代の若い女性の中には、何人かの男性と〝愛人契約〟を結んで、小遣いや生活費を稼いでいるチャッカリ者もいると聞く。

月曜はAさん、火曜はBさん、というように日を決めて、何人もの男性とただならぬ交際をしているというから、たいへんな生（性？）活力である。

いかにも〝現代風〟といいたいところであるが、しかしこれは、なにも現代にはじまったことではない。じつは江戸時代から、このように複雑の男性の妾になる女性がすでにいた。

安政（一八五四〜六〇）のころの妾の相場は、上のクラスで月に三両から五両ぐらい、安いところでは、三分（三万円）から一両（四万円）ぐらいである。

三分や一両ぐらいでは、たいした実入りにならないので、〝安囲い〟といって、三人とか四人ぐらいの男と同時並行契約をした。

一人の男の妾になることは差し障りのないことであったが、三人も四人もの男の妾になるのは遊女と同じようなもので、安政六年（一八五九）にはこれを禁止する町触れが出ている。

このような〝安囲い〟が多くなったのは、当時、武家・町人など、地方から江戸へやって来る、いわゆる〝仮独身者〟がおおぜい集まって来たからである。金もないくせに女を囲うとは、と思うが、このような〝安囲い〟の女がいればたとえ共同でも、と需要がなかなか多かったようだ。

そのような男たちの求めに対して、小商いをしているような商家の年ごろの娘などは、下女奉公に出るよりはわりがよいということで、すすんで囲い者になることを志願した。

〝安囲い〟になるのは、その日暮らしの貧民の嫁ではなく、ごくふつうの娘であったということは、当時の風紀がかなり乱れていたということでもあろう。その点は昔もいまもあまり変わらないのかもしれない。

当時の江戸では、保科肥後守《ほしなひごのかみ》の寛文改革や堀田筑前守《ほったちくぜんのかみ》の天和改革、松平越中守《まつだいらえっちゅうのかみ》の寛政改革など、立て続けに改革が行なわれ、そのたびに貨幣価値が大きく変動した。

一両の小判が、瞬く間に二両の値打ちになったり、半減したりするような状態では、生活に不安と動揺を来し、まじめに奉公する気持ちを失わせ、それが風紀の乱れを増長させたのだともいえよう。


幕府は、市中の金をどんどん吸い上げるだけ吸い上げるから、下級の武士や庶民の生活はますます余裕のないものになる。庶民も万事倹約と簡略化で、ただただ金をためることに汲々とする。小さな商家の娘が〝安囲い〟に身をゆだねるのも、こうした時代背景があってのことである。

金で〝安囲い〟される者よりもっと安い、月々米一斗五升とか、米一斗という女もいた。

なかには米八升というバーゲンセールなみの者もいる。高い安いは女の器量によって決められるというから、この道は厳しい。

そして、月に六日ずつ、男の住居へ女が通うのがふつうだった。女が男の住居へ通う〝安囲い〟でもなく、一つの家を構えた妾でもない、その中間のような〝半囲い〟というのがこれである。

僧侶の身では、女を囲うとなにかと支障があるため、好んでこの〝半囲い〟の妾を持つ者が多かった。江戸前期には、「町家の者は前尻をうらない」といって、たとえ男に身を任せても、女は金を受け取らない、といわれたものだが、安政のころにもなると、そのような格好のいいこともいっていられなかったのだろう。

やがて幕末も最後のころになると、妾にたばこ屋とか絵草紙屋とかの小商いをやらせてモトをとるようなチャッカリ組も出て来る。

何人かの男が割勘で女を囲う、一見ドライで新しい方式が、なんのことはない、江戸時代にすでに行なわれていたのである。

大奥7

## 「秘薬」を愛用した女たち

〝性の不満〟というのは、いつの世でもだいたい女性の側からいわれる言葉である。男性が性の不満をいだいているという話はあまり聞かない。たとえあったにしても、男性の場合は〝女性を十分に満足させることができない〟という、女性の立場を慮《おもんばか》ったための不満であるようだ。

だいたい強壮剤とか回春剤などは、よく考えてみると男性自身のためよりも、それを用いて女性をより満足させようというものではないだろうか。

昔から歴史上に名を残すような人は性豪といわれているが、豊臣秀吉などは好色ではあっても、性豪ではなかったようである。織田信長もそうである。一世の英雄ナポレオンなどは、むしろ強い性的コンプレックスの持ち主であったとされている。

また弓削道鏡《ゆげのどうきょう》なども、日本の性豪のチャンピオンのように伝えられているが、偽書『古事談』などの説によるもので、あまり信用できない。

彼の名が、日本の道饗祭《どうきょうさい》（みちあえまつり）と音《おん》が通じ、この祭りが男性自身の象徴《シンボル》を祭るものであることから、巨大な木や意志の男根のイメージと合致し、道鏡のものは大きかったろう、大きければさぞ強かったにちがいない、という評判を生んだのであろう。道鏡は呪術僧として身分の高い女性のそば近くに仕えていたため、ことさらに好色のイメージでみられていたともいえる。


たびたび話題にのぼるが、徳川十一代将軍家斉《いえなり》などは、おおぜいの妾に五十四人もの子どもを産ませた猛者であるが、彼の子だくさんの秘密はどこにあるかと調べてみたが、いっこうにわからなかった。

彼は食べ物に好ききらいがなく、生姜《しょうが》を好んだようであるが、生姜に強精作用はないところをみると、結局、バランスのとれた食事が彼を健康にし、その結果が子だくさんとなったという以外にない。

『閨房《けいぼう》雑秘枕文庫』とか『春情花朧夜《おぼろよ》』などという古い閨房指南書には、さまざまな秘薬が紹介されているが、江戸時代には「四ツ目屋」という、これを専門に扱う店もあった。

秘薬には、男性用、女性用、あるいは男女共通用などもあり、内服薬、塗布薬、座薬、洗薬、焚薬などいろいろな種類のものがあった。男性の服用ものでは「起陰法」、塗り薬では「女悦丸」「鴬声丹」、女性用の塗り薬では「如意丹」、「縁鴬膋」、座薬では「寝乱姿」「喜命丸」など、オツな名まえの秘薬があった。

ほかに〝マムシの黒焼〟〝イモリの黒焼〟、焚薬の「女乱香」「唐線香」などがあり、その種類の多いことは驚くばかりである。

薬の名まえを見ただけでも効きめがありそうだが、はたしてどのくらい効果があったものか、古書でもその点は詳《つまび》らかではない。

さらに、テンモントウの根茎、胡麻の実、山帰来《さんきらい》の根、石楠花《しゃくなげ》・姫萩《ひめはぎ》・ジャコウ草の葉、茜草《あかねくさ》の根、ツルドクダミの根——など、ほかにもたくさんあるが、このような薬草を煎じて服用すると、インポテンツが治るとか、性欲亢進《こうしん》に効くとか、盛んに愛飲、愛用されたようである。

薬草以外でも、粘性の強い食品、たとえば山芋などが強精食と考えられていたが、その形と粘性によって効果があると信じられたのであろう。

しかし〝マムシの黒焼〟や〝イモリの黒焼〟などは、含有成分からいってもそれほど効くとは思えないが、信ずる者には暗示的な効果があるということか、江戸市中の蛇屋が繁盛したわけである。

スッポン、蛇、鹿、赤犬の生き血なども強精効果があるほか、結核や貧血に効くといわれて江戸時代には重宝がられた。鶏肉は食べなかったが、野鳥は強壮食とされた。

鰻《うなぎ》、泥鰌《どじょう》、鯰《なまず》、穴子《あなご》、鱧《はも》は、『万葉集』の昔から強壮食として日本人に愛用されている。

『本草綱目』や『和漢三才図会』の類を見ると、やたらに強精、強壮に効くものがあげられており、米や麦などごくふつうの食物でもよいとされているから、昔の人たちが考案した精力剤や催淫《さいいん》薬も、今日と同じで当てにならないものが多いようである。

それにしても、江戸時代に四ツ目屋がけっこう繁盛していたところをみると、男女を問わず、この道ばかりは昔から研究熱心に励まれていたことがわかる。

日本女性はセックスに控えめであったというのが定説になっているが、あながちそうとばかりはいえないというのがおわかりだろう。

## コラム　美しさに執着し不自由さを選んだ「光る君へ」平安の女

ここで、いっきにNHK大河ドラマ「光る君へ」の舞台でお馴染みなった、平安朝にさかのぼり、女の色香について考えてみよう。

「内へまゐり給ふとて、御車にたてまつりければ、わが身はのり給ひけれど、御ぐしのすそは母屋の柱のもとにぞおはしける」

これは宣耀殿の女御《にょうご》として名高い村上天皇（在位九四六〜九六七）の女御芳子が入内《じゅだい》するときのことを描いた『大鏡《おおかがみ》』の記事である。

入内すなわち結婚式当日、牛車に乗った芳子の髪は長々と引きずって宮殿の母屋《おもや》の柱のもとにあったというのだから、途方もない長さである。いったい芳子はどのくらい髪の毛を引きずっていたのだろうか。

当時の宮殿の構造を調べ、計算してみたところ、牛車がある孫庇《まごひさし》から母屋の柱まではおよそ五・五メートルである。それに彼女の身長をプラスすると、いくら背丈を低く見積もっても一・五メートルはあるはずだから、七メートル近い毛を芳子は伸ばしていたことになる。

俗に丈なす黒髪というが、平安時代の女性の髪は立って身長ぐらいあるのが最低値で、長ければ長いほど美しいということになっていた。『源氏物語絵巻』の女たちの長髪は、けっして絵空事ではなかったのである。

そうすると、七メートル近い黒髪の持ち主である芳子は、それだけ絶世の美女の資格があったというわけである。

「しかし、いくらなんでも、七メートルも髪の毛が伸びるものだろうか。どうやってそんなに伸ばしたんだろう」と疑問に思われるかもしれないが、その理由は次のとおりである。

まず第一にあげられるのが食べ物だ。この時代はコンブやワカメの摂取量がひじょうに多い。ヨード類はいうまでもなく、毛髪の発毛促進にはいちばんききめがあるから、これを常食としていた彼女たちの毛は、いくらでも発育した。

第二は、生まれてまもなくから四歳まで、女の子は日ごと頭をかみそりでそり、毛根を刺激した。これもたいへんな効果がある。そして、彼女たちの常用するくしはツゲだった。ツゲは養毛効果が抜群である。

第三には、髪油のかわりにサネカズラという葛草《くずくさ》の液汁をぬった。

以上、養毛食品を食べ、養毛剤をくしにし、養毛料をぬり、毛根を絶えず刺激していたのであるから、伸びなければおかしい。事実、『大鏡』の記事はけっして誇張ではなかったようだ。毛が長いだけでもって中宮《ちゅうぐう》や女御になれるとしたら、失礼ながら現代女性は侍女にも不合格である。いまの女性の平均的なヘアスタイルは、昔風にいうと垂れ尼と呼び、夫と別れた女性が世をはかなんで尼さんになったときにするものである。さらに、もっとさっぱりしてまる坊主になると剃り尼といった。

なぜ、こんなに長い毛がもてはやされたかというと、のちに述べる肌の白さとともに、丈なす黒髪は女性の美しさの必須条件であり、また顔の白さを引き立たせるためには漆黒の髪は欠かせないものだったからである。

しかし、考えてもみていただきたい。七メートル近くも毛が伸びていたら、起きているときはもちろんだが、寝るときにはひじょうに大儀である。そこを彼女たちはどうやって処理したのか。

就寝まえ、女性は侍女の手で髪の毛を約三十センチ間隔に元結《もとゆい》でくくり、長い髪のなわをこしらえた。そして、枕元に長方形の薄い箱があって、そこへぐるぐるととぐろを巻いたようにして入れておく。こうしてはじめて枕を高くして寝られる。

また、この薄い箱のことを乱れ髪箱といった。なんとも悩ましい名まえではないか。ところが現在では、「乱れ髪」の髪だけとれてしまい、乱れ箱といって肌着やたびなどを乱雑にほうり込んでおくものになり下がった。

しかし、当時の女性がこんな不自然なことをしていたことを気の毒に思う。髪の毛を元結でくくらねば寝ることもままならなかった平安時代の女性はいたましいというほかない。

また同時に、あえて不自由をも辞さずに彼女たちは美しさに執着し、男たちはそれに恋い焦がれたのだと解釈することもできる。

## コラム　「白いことが美しい」という、平安朝の美的感覚とは

「匂うがごとき花の顔《かんばせ》」という形容がある。

王朝文学ではおなじみの表現だが、この「匂う」という言葉の意味を考えたことがあるだろうか。美しい人の顔をたたえているのだろうと、あいまいな解釈をされているかたは、平安時代の絵巻物、なかでも『源氏物語絵巻』や『枕草子絵巻』など、宮廷の生活を描いた作品をじっくりとごらんいただきたい。

さて、登場人物たちの顔を見ると、ふっくらとした下ぶくれの顔、それに肌の輝くような白さが、まず目につく。この白さが「匂う」である。「匂う」とは、肌の色の白いことを美しく表現した言葉なのである。

日本刀でも刃文《はもん》のところを「匂い」という。あれは刃の光であり、白く光る美しさ、「匂い」が、鑑賞物としての日本刀の生命なのである。

現代でも肌の白いことは、美しさの条件になっている。しかしそれ以上に、一千年まえの日本では「白いこと」は何物にもかえがたい絶対無比の価値であった。どうして「白」がさほどにもてはやされたのだろうか。

平安貴族の日常生活を営んだ寝殿造りという建物はやたらと広いばかりで、きわめて採光の悪いものだった。そのうえ、貴族は夜ふかしで夜の生活時間がたいへん長い。午前中は前夜の酒宴その他の疲れをとるためにほとんど寝ていて、仕事につくのは午後になってからというのがふつうだった。

彼らが真に生彩を放つのは夜になってからで、生活の主要な部分はほとんど夜に集中していた。採光が悪いうえに照明が未発達なため、彼らの生活空間は終始ぼんやりとした暗さにおおわれていた。照明器具といえば、灯心二本をさした灯台と呼ばれるのが所々においてあるだけで、すこし離れると人の顔などぼんやりとしか見えない。

そんな暗い中で、くっきりと目立つ肌の白さが尊重されたのはごく当然のことだった。そこで、肌の浅黒い人はもとより、地肌の白い人も徹底的に顔を白くぬりたくった。暗やみの中の輝く白さ、これこそ「匂う」の本質であり、平安朝美学の神髄であった。

ところが残念なことに、当時の化粧法は現在とはくらべるべくもないほど未熟なものだった。また、昔といまとでは美意識の違いもあるから、現代人である私たちにすれば相当珍妙なこともあった。

まずおしろいだが、これは亜鉛を成分としたものである。メイクアップの第一歩は眉毛を抜くことから始まる。眉毛などあるとおしろいの乗りが悪いから、一本も残さず毛抜きで抜いてしまう。そして、おしろいを厚く象牙のヘラでぬり、その後、眉よりやや上、ひたいに近いところに薄く眉を引く。これは茫眉《ぼうまゆ》という。

その結果、目と眉が離れ、夢幻的な表情になるのだが、そのころは目と眉の距離が遠いほど、高貴の顔だと考えられていた。

次に、くちびるもおしろいで消し、歯にはお歯黒をつけた。そして口紅はつけない。くちびるに紅をさすようになったのは三百年まえの寛文年間（一六六一〜一六七三）以後のことで、それまで紅はほおにぬるものだった。

その証拠に十世紀に編まれたわが国最初の分類体の辞書『和名抄《わみょうしょう》』（源順《みなもとのしたごう》著・正しくは『倭名類聚鈔』）には、口紅という言葉はのっていない。

絵巻物の人物たちは、たいてい凹凸のない、能面的なのっぺりした卵のような顔をしている。いまとは逆に彫りの深い顔ははやらなかった。彫りが深いと陰影ができて、輝く白さにかげりができるからという理屈である。

広くぬった顔に、極彩色の十二単を着、長い黒髪で縁どる。こうした黒と白のあざやかな対照が、彼女らの化粧法のチャームポイントだったのであるが、これを生み、これを必要としたのは住まいの暗さという生活環境であったのである。

# Ⅱ部

# 後世に名を遺した賢女・烈女・市井の女たち

## 1 楠本いね　遊女の娘から医学者へ

遊女の子として生まれながら、女の細腕一本で医学者になった楠本いねは、幕末の女性史にその名を残す一人である。

いねの母親は滝といい、長崎丸山の遊女であった。十五、六歳のときに丸山遊廊の引田屋に売られてきた女で、源氏名を其扇《そのぎ》といった。なかなかの美貌の持ち主で、丸山でも五本の指に数えられたほどの売れっ妓《こ》であった。

この滝は、オランダ商館の医官として日本へ来ていたドイツ人フィリップ・フランツ・フォン・シーボルトと大恋愛をし、シーボルトに落籍《ひか》されて結婚する。このときシーボルト三十二歳、お滝は二十一歳。やがて文政十年（一八二七）五月六日、シーボルトの研究所でいねが生まれた。生まれたときの名は伊篤《いとく》といい、のちにいねと改める。

彼女が生まれて間もなく、この一家を不幸のどん底に突き落とす〝シーボルト事件〟が起こる。シーボルトが間宮林蔵《まみやりんぞう》などと協力してつくった『大日本沿海実測地図』を、海外に持ち出そうとして発覚し、シーボルトが国外追放になる事件である。

当時、いねと母親滝は長崎の銅座に住んでいたが、罪人の父を持ち、そのうえ混血であるいねが、白い目で見られないはずはなく、母娘二人はつらい日々を送った。

しかし、医学者としてのシーボルトを知る人びとによって父の偉大さ、学問の深さを聞かされるたびに、彼女は勇気と誇りを取り戻し、女性ながらも学問で身を立てようと志すのである。いねは、十二、三歳のときからポルトガル語を習ったというから、幼心にも堅く学問の道を志していたことがわかる。

当時は、女性が学問をすることはもちろん、学問で身を立てようとすることは、たいへんに勇気のいることであり、めずらしいことであった。当然、母親をはじめ周囲の人びとは反対した。

しかし、いねは母親の反対にも屈せず、とうとう家出をして、かつてのシーボルトの知り合いの学者宅へ寄寓《きぐう》した。いねがまだ十八、九歳のときである。

いまの若者が親に逆らって家出するのとは大違いで、彼女には、〝父のような医学者になる〟という堅い決意があった。

そうなると、さすがに母親も娘の情熱に負けて、学問の道に進むことを許し、宇和島藩のお抱え蘭学者であった二宮敬作《にのみやけいさく》に娘を託す。

そこでいねは、二宮に外科医術を学ぶが、女性であるから産科がよいだろうという二宮の考えから、備前（岡山県）の石井宗賢《そうけん》という産科医のところへ移る。やがて石井と恋愛をし、たかという女児をもうけているから、いねは、意志の強い女性であるうえに、なかなかの情熱家であったようだ。でなければ、身は転変としながらも学問を続け、おまけに師とのあいだに子までもうけることなど、できないであろう。まったく封建性の殻を自分の意志で突き破る、その逞しい行動力、男以上の積極性は敬服に値する。

嘉永二年（一八四九）、二十三歳で石井のもとを去って長崎へ帰り、産科を開業するかたわら、阿部魯庵《ろあん》についてふたたび外科を学んだ。

その後、二十七歳のときに宇和島から長崎へ軍艦の研究に来ていた村田蔵六《ぞうろく》と結婚し、宇和島へ移り、蔵六の門弟たちにオランダ語や産科医学を教えている。安政三年（一八五六）に蔵六が参勤交代で江戸にのぼると、あとを追って上京し、番町の鳩居堂《きゅうきょどう》という家塾で教鞭をとった。万延元年（一八六〇）、蔵六は長州藩に召還されて故郷へ戻るのであるが、いねは男たちの政争に巻き込まれるのをきらい、江戸にとどまって医学に専念する。

このあいだに、父シーボルトは幕府の外人顧問として再来日し、三十年ぶりに再会したが、いねは父に対する懐かしみはあまり持てなかったようである。夫の蔵六は後年、大村益次郎《ますじろう》と名を改めた。卓越した兵法家として倒幕のために軍を率いて入府し、上野の彰義隊との戦いを指揮した、日本陸軍の生みの親ともいうべき人物である。

いねは明治三十六年（一九〇三）まで生き、東京・狸穴《まみあな》で亡くなったが、幕末から近代にかけての日本の黎明期《れいめいき》を激しく生きた偉大な女性であった。観念的に女性解放を叫ぶ近代主義者は、後年になって輩出するが、職業を身につけ、自立した生き方を歩んだいわゆる〝オランダおいね〟の足跡はもっともっと評価されていい。

## 2　中山みき　揺れ動く幕末に〝生き神さま〟と呼ばれた

信者百数十万を持つ天理教の開祖、中山みきは、幕末から明治維新にかけての変革期を、〝太陽〟のように生きた女性の一人である。

江戸時代、庶民の一女性が集団のリーダーになるのは容易なことではない。みきは、自分一人の力でその困難な道を歩み、〝太陽〟の地位を築いた、まれにみる女性である。この一人の女性が、信仰の道へはいり、教祖の地位にのぼりつめるにはどのようなきっかけがあったのか、興味深い。

中山みきは、寛政十年（一七九八）、大地主の娘として生まれ、十三歳のときに中山家の長男善兵衛《ぜんべい》と結婚した。いかに当時の女性が早婚とはいえ、十三歳は早すぎる。いまでいえば中学一、二年生ぐらいで、昔は早熟だったとはいえまだ子どもである。

みきは、この結婚に気が進まなかったが、朝夕の念仏と自由に寺参りができるならという条件をつけて、承知した。十三歳にしてすでに深い信仰心をいだいており、みきの非凡さの片鱗がうかがえる。

非凡といえば、十六歳にして、中山家の二十人もの使用人たちを監督し、自分でも畑仕事や綿つむぎの夜なべをするほどのはたらき者だった。だが、みきはこの結婚に満足していたわけではない。みきが、このとき大庄屋の若奥さまとして安穏な毎日を送っていたならば、歴史に残るほどの偉業をなし遂げることもなく、平凡な一生を送ったにちがいない。

まず彼女にとっての最初の試練は、夫の善兵衛が親譲りの財産で妾を囲い、次々と下女にまで手を出すほどの好色漢であったということだ。もちろん、夫の不行跡にいちいち文句をつける時代ではない。

みきのそういう不満は、ひたすら信仰に向かって昇華されていく。一週間も家を離れ、寺に篭もって修行を積むというときもあった。彼女の寺参りについては結婚の条件だから、中山家でもそれを許した。やがて四十歳になったとき、みきの身の上に立て続けに不幸が降りかかる。このことが、みきの生涯を決定的にしたといってよい。

十七歳の長男秀司が不治の病に罹《かか》る。続いて夫も眼病に罹ってしまう。みき自身も、この年、五女こかんを産むが、産後の肥立ちが悪く床に伏す。

中山家では医者をよんだり、いろいろな薬を用いているが、効きめがない。そこで山伏《やまぶし》の市兵衛を招いて祈禱してもらったところ、病はたちどころに回復してしまった。このとき、みきは祈禱の神秘に心を動かされ、これを機会に市兵衛について修行することになる。

その後、みきは、市兵衛の巫女《みこ》がわりを務めるが、激しい〝神がかり〟に陥り、「自分は天の将軍であり、三千世界を救うために天《あま》くだった。体も財産も神にささげるべきだ」と夫に迫る。さすがの市兵衛も驚くほかはない。

このような経過をたどって、みきの布教活動がはじまった。みきはとくに妊婦の安産の祈禱で名を馳せ、やがては万病を治す〝生き神さま〟という評判が立つ。

慶応三年（一八六七）、みきは、「あしきをはらいて　たすけたまえ　てんりおうのみこと」ではじまる『神楽歌《かぐらうた》』の教義を創作した。陽気に生活すれば、この世は極楽になるというこの教えは、当時の揺れ動く幕末の人びとに〝太陽〟のように希望を与えた。心は永遠に生きる。死とは、神からの借りた命を返すだけだ。天理教はそう説き続け、この教えは人びとのあいだに広まっていった。

しかし明治五年（一八七二）に政府は、邪教取り締まりを理由に、天理教を弾圧する。みきはその後、通算十八回も警察に捕まっている。同十九年一月に十二日間の留置場暮らしをしたあと、八十九歳の生涯を閉じた。

いま天理教の信者は百数十万という。教会も一万六千を超える。一人の女性の大きさ、力強さを実証する数字である。

# 3

# 千姫　徳川三代目の立役者・教育係だった

家康を元祖とする徳川家の後継者教育は、三代家光に対しても意図的になされている。しかし、その背後に、千姫がいることは、あまり知られていない。千姫という人はほんとうに偉い人で、教育ママというか、教育ばあさんの大将なのである。

元和元年（一六一五）、夏の陣で大坂が落城したとき、秀忠の子どもであり、家康からみれば孫娘の千姫が秀頼の御台所《みだいどころ》になっているのを、坂崎出羽守《でわのかみ》正成が助け出す。

助け出された千姫は坂崎をきらって、姫路十五万石の本多忠刻《ただとき》と再婚するが、忠刻は一年半で労咳《ろうがい》（肺結核）で死ぬ。すると、秀忠は彼女をすぐに江戸に連れて来て、弟や妹たち（秀忠の子）の家庭教師にした。彼女は、剃髪《ていはつ》して天樹院《てんじゅいん》という尼さんになり、弟妹ばかりか、御三家の子弟の教育をも引き受ける。

千姫といえば吉田御殿で、悪いほうで有名だが、あの話は江戸市民がつくり上げたうそである。実際の千姫は再婚もせずに、徳川家全体の教育係として立派に使命をはたし、七十三歳で死んでいく。弟の三代家光は、この年長の姉、千姫からの影響をずいぶん受けて育った。

家光誕生のとき、乳母がいないので、京都の町じゅうに制札を立てて乳母募集を行なった。これに応募したのが春日局《かすがのつぼね》である。これが怖い女で、家光にたいへん厳格な教育をしたものだから、家光が女ぎらいになり男色趣味になった。これではいけない、将軍さまを女好きにしなければならないというわけで、春日局は、自分のほうでお妾さんを養成したりする。

しかし、その一人が役者と内通したといって、自分の懐剣で殺してしまった。そういう乳母に育てられた家光はしっかりするわけである。しかも、そのかげにいつも、春日局に全幅の信頼をおく天樹院がいた。春日局はいつも悪くいわれるけれども、春日局をしてやらせているのは、天樹院、つまり千姫である。

結局、家光に「生まれながらの将軍」だという自信をつけさせて、大名に参勤交代をやらせるが、だれ一人、文句がいえない。家光の背後に春日局と千姫がついており、なにかあると、権現《ごんげん》さまのご遺誡《いかい》とか家康の命令だとかを持ち出してくる。そしてひとことでも抵抗すると、「権現さまに背くか」とやられてしまうからである。

　これはつまり、家光という、それ自体では弱体な三代目を帝王として教育し、その権威を高めるための組織づくりを巧みに行なったわけである。そのかげの立て役者として千姫がいる。千姫のこの面は、春日局や家光によって消されて表面に出てこないが、千姫こそ徳川三代目を盤石にした、偉大なる〝教育ばあさん〟なのである。

　個人的にも偉いもので、自分のために死んだ坂崎正成（千姫がきらったため、乱心を理由に切腹させられた）と、二番目の夫である本多忠刻、最初の夫である豊臣秀頼の三人を自分の家の持仏堂《じぶつどう》で、七十三歳までちゃんとおまつりしている。けっして蔑《ないがし》ろにしていないのである。

　こういう心がけの人だからこそ、すぐれた教育者となったといえるだろう。いい加減な人間が教育者となっても、教育の効果は出ないものだ。その点、千姫自身が立派な人間だったのである。

　ふつう、あの時代に、千姫のような人は繁栄できないものだが、その存在を許したのは、じつは徳川家の立派な体質である。そのような体質をつくった家康は、そういう意味で、

「二百六十年間の教育親父」なのである。

記録を見ても、家康という人は、孫にいたるまで自分のところへたえずよびつけている。家康は駿府（静岡市）にいるから、子や孫からすればわざわざ駿府まで行かねばならず、じつにうるさい爺であった。だから、家康から使いが来たというと、みんないやがるのであるが、客観的にみれば、家康は最後まで子孫の教育に責任を持ったということである。

## 4 春日局　将軍家光をまつり上げ徳川政治を操った

英雄色を好むというが、豊臣秀吉もまた、その晩年は色に狂って奇行を重ね、結局は自ら豊臣家滅亡の墓穴を掘ったといえそうである。天下の秀吉も、ついに女の魔性には勝てなかったということか。

秀吉は、大泥棒の石川五右衛門を捕らえて磔《はりつけ》にしたが（俗説では釜茹での刑といわれている）、そのとき五右衛門の母もいっしょに捕らえて釜茹でにした。母親にはなんの罪もなかったのに、息子といっしょに殺してしまったのである。

文禄三年（一五九四）には、召使の女が男をつくって出奔《しゅっぽん》したため、秀吉はその召使を捕らえて、三条大橋の袂で釜茹でにした。そのときにも、乳母《うば》を巻き添えにして煮殺している。

文禄五年には京都で私娼狩りをして女を捕らえ、そのうち五人の美女を自分のそばに置いたが、その女たちに歌舞伎踊りをさせたとき、一人だけ命令を聞かない女がいたので、これも磔にしてしまった。

秀吉は、このほか、千利休の刑死、養子秀次《ひでつぐ》一家の斬殺など、数々の目に余る暴虐を繰り返している。これは一種の老年性のヒステリーであろうが、元来、秀吉は神経質な小心者であったため、女のことでもすぐに逆上したらしい。秀吉の場合、とくにその晩年は狂的であり、英雄もひと皮むけば愚かな人間でしかなかった、という気がする。

それにしても、女の処遇一つによって、英雄といえども男の運命を左右することもあるのだから、けっして女性を侮ってはいけない。

秀吉は淀君《よどぎみ》だけを偏愛して、ほかの女性に対してはきわめてサディスティックに振る舞った。その点、徳川家康は女性に対しては平等に扱い、秀吉ほどの残虐行為は行なっていないようである。

とはいえ、家康にしても、まったくフェミニストであったわけではない。自分の妻築山《つきやま》殿と息子の信康が組んで、甲斐（山梨県）の武田勝頼《かつより》に内通しているという偽の情報によって、信長から二人を殺すように命令されたときには、家康はわが子信康を切腹させ、築山殿を家臣に暗殺させている。

そのあとに秀吉の妹、朝日（旭）姫と家康は結婚させられる。この女は、すでに尾張（愛知県）の地侍《じざむらい》、佐治日向守《さじひゅうがのかみ》と結婚していたのだが、秀吉が無理に連れ戻して、家康に押しつけたのである。家康と朝日姫とのあいだに愛情が芽生えるはずもなく、二人の仲は悲劇的であった。

そのためもあって家康には、西郡の局《つぼね》、お万の方（同名の人物が三人いる）、下山殿、お妻の方などの側室ができるが、家康は一時的にも、一人の女に溺れるということはなく、すべての側室をうまくさばく名人だった。

家康の妾は農民、町民の娘、とくに未亡人が多く、当時の名門や権勢とはほとんど関係のない女たちである。名門今川氏の娘、築山殿を自分の手で暗殺しなければならなかったこと、権勢を誇る秀吉の妹との結婚が悲劇的であったことなどに懲りていたからであろう。

ただ、妾が何人もいれば、女同士の嫉妬はどうしようもないことで、家康の側室の侍女から妾になったお万は、正妻の朝日姫にきらわれ、浜松城外に裸で捨てられている。朝日姫に子どもがいないのに、お万が双子を産んだため、嫉妬の恨みを買ったのであろう。家康の正妻朝日姫には、ついに子どもができなかった。そのため、彼の子はすべて妾腹《しょうふく》の子であった。

徳川家歴代の将軍のなかで、女にかけて最もおとなしかったのは十四代将軍家茂《いえもち》で、彼だけは皇女和宮《かずのみや》を夫人に迎えただけで、妾は一人も持たなかった。これは例外中の例外で、ほかの将軍はみな側女《そばめ》を持つのが当然の通念とされていたわけだが、三代家光などははじめのころは女にはまったく関心を示さず、もっぱら男色を好んだ。家光の正夫人は摂政鷹司信房《たかつかさのぶふさ》の娘、房子であったが、春日局に監視されて、生涯、家光とは別居生活を送っている。

春日局という女性は、明智光秀の家臣斎藤利三《としみつ》を父とし、稲葉通明《みちあき》の娘を母として五男三女の末子として美濃（岐阜県）に生まれたが、家光が生まれたとき、京都で乳母を募った折に応募してきた女である。

春日局は、もとは小早川《こばやかわ》秀秋の家臣稲葉正成の後妻であったが、その新婚家庭に侵入した盗賊を二人、薙刀で斬殺し、また夫に情婦がいることを知ると、その女をよび寄せておいて斬り殺している。そのような気丈な女であったからこそ、夫と子どもを捨てて家光の乳母になったのであろう。

家光を育てるについても、厳格一途であり、そのためにとうとう家光は女性恐怖症になり、男色に奔《はし》ったようである。家光があまりにも女を遠ざけたため、のちには春日局が自分で妾を養成して、家光に押しつけたほどである。

その妾の一人、お愛が役者市之丞《いちのじょう》と密通したときには、春日局が自ら刀をとって斬殺している。春日局ほどになると、女性ながらも家光を操り、徳川の政治に深くかかわって、歴史を動かしたといっても過言ではない。

権謀術数の渦巻く世界では、女性にも自然にそのような気風が育ったのであろう。女性を軽くみてはならないことを歴史は物語っている。

# 5 幾松　桂小五郎を新撰組から救った芸者

幕末から維新へかけての日本の歴史は、変転と波瀾に満ちた夜明けのドラマである。新撰組、彰義隊《しょうぎ》、あるいは天誅組《てんちゅう》が、怒涛のような勢いで激突し、時代の流れを大きく変えていく――幕末はそういう時代だった。

そこには、命を惜しまなかった若い志士たちがおり、彼らを激しい思慕で見送った女たちがおり、息子の死をしのんだ母たちがおり、ロマンや、夢や、死が、変革の嵐の中で渦巻いた。いかにも近代の夜明けにふさわしい壮大なドラマが演じられたのである。

その中でも、維新三傑の一人といわれた桂小五郎と、京都三本木の芸者であった幾松の命がけのロマンスは、動乱の舞台にふさわしいエピソードといえる。桂小五郎は、芝居や映画にまでなって、のちのちまでもヒーローの名を残したが、幾松という女性はそのかげに隠れて、その名もあまり知られていない。

しかし、数多くの志士たちのかげに、幾松のような痛切の運命を背負った数多くの無名の女たちがいたことを忘れてはならない。

元治元年（一八六四）六月に京都では公武合体論が勢力を伸ばして、尊攘《そんじょう》派が圧迫されたため、彼らは勢力回復を目的に密議を行なった、その池田屋を新撰組が襲撃した。いわゆる「池田屋の変」ののち、憤激した長州軍は「禁門の変」を起こして、ここでも敗北する。そして長州軍は京都から逃げて行くのだが、桂小五郎は京都に残って、三本木の芸者幾松の家へ身を寄せるのである。

小五郎は追われる身であり、幾松は、毎日外出してはひそかに外のようすを探っていた。ある日、幾松は家の近所でただならぬ気配を察し、小五郎に告げる。咄嗟に小五郎は屋根を伝わって脱出する。と同時に、新撰組の隊士二十数人が家に踏み込んで来た。幾松は屯《とん》所《しょ》へ引き立てられ、白刃《はくじん》を突きつけられて、小五郎の行方を追及されるが、飽くまでも気丈にシラを切り通した。近藤勇《いさみ》は、幾松の動じない姿を見て、そのあっぱれさにいたく感服し、放免した。

幾松自身も小五郎の行方を案じ、あちこち探し回っているとき、三条大橋のたもとで物もらい姿の小五郎に出会う。

もちろん、感激の対面だったが、家へ連れて帰るわけにもいかない。ひもじい思いをしている小五郎に、何か差し入れてやりたいが、どこに目明《めあ》かしの目が光っているかわからない。そこで幾松は、長州藩の御用商人であった今井太郎右衛門に頼んで、おにぎりをつくってもらい、変装して小五郎に届けるのである。

やがて新撰組の探索が厳しくなると、小五郎は京都にいられなくなるが、かといって、国許《くにもと》には反対党が勢力を伸ばしているから帰れなかった。京都の対馬藩邸の仲間《ちゅうげん》、広戸甚《じん》介《すけ》の助力で但馬《たじま》（兵庫県）へ行き、卯左衛門《うざえもん》と名を変えて荒物屋を開業する。

いっぽう、幾松は甚助と下関へはいって長州藩の状況を探り、やがて安全なことを確かめて小五郎を下関へよぶのである。

のちの桂小五郎については、これ以上説明する必要はあるまい。明治の元勲、木戸孝允《たかよし》その人である。明治維新を迎え、幾松は木戸孝允の妻となって、名を松子と改めた。

そのちに、小五郎の死を聞いたとき、剃髪して翠香院《すいこういん》と名乗る。激しく燃焼したその人生に、一つの区切りをつけたのかもしれない。

幾松は、幕末から明治維新の怒涛の中を、流木につかまるように、一人の若い志士にすがって必死に生きた、江戸最後の女であった。

幾松は若狭（福井県）の小浜《おばま》藩士の娘として生まれたが、父に早く死なれたために一家離散の憂き目に遭い、若いころに町芸者になって京都へ流れて来た女で、享年四十四歳、長くも短くもない一生を閉じた。

## 6 和宮　将軍に妾を置かせなかった、ただ一人の女性

幕末の混乱した世相の中では、多くの有名無名の女性たちが悲しい運命に翻弄された。その中でも、皇女和宮《かずのみや》は悲劇のヒロインとしてよく知られている。しかし、和宮は、公武合体の犠牲になって、十四代将軍徳川家茂《いえもち》に降嫁《こうか》させられたということがほんとうに〝悲劇〟だったのだろうか。

皇女和宮は、仁孝《にんこう》天皇の第八皇女であるが、和宮が四歳のとき、父仁孝天皇の命により、叔父に当たる有栖川宮熾仁《ありすがわのみやたるひと》親王と婚約させられた。後世、人は、小説や芝居などで和宮が熾仁親王と恋愛関係にあったように仕立ててしまうのであるが、早婚、早熟といわれる当

時とはいえ、四歳で恋愛感情云々というのは無理というものである。

元来、宮中というところは、そういう結婚話が幼少の年齢から出やすい世界だったのである。因習と伝統の重みを体全体で感じていただろう和宮は、たまたま新たに持ち上がった将軍家茂との縁談に、たぶん、新しい人生と幸福とを賭けたのであろう。

公武合体という目的のための政略結婚という見方が一般的であったから、江戸入府まではたいへんに気をつかった。東海道を江戸に向かう順路は、公武合体に反対する人たちの妨害があると考えられ、わざわざ中山道《なかせんどう》を通り、江戸へは板橋の宿《しゅく》から現在の東京大学の前を抜けて一橋家にはいる、という具合に気をつかったのである。

しかし、周囲の気遣いはともかく、結婚後の二人はじつに仲睦まじいものだったという。それは家茂が、歴代将軍の例とは異なり、妾を一人も置かなかったことでもうかがえる。その幸せな生活も、わずか一年六カ月しか続かない。かの長州征伐の開始である。

その長州征伐に家茂が出陣するまえの晩のことである。家茂と和宮の二人は夜遅くまで語り合った。そのとき、和宮は家茂に、もし私の故郷である京都にお立ち寄りになるようであれば、西陣の帯を二筋買ってほしい、と頼んだといわれる。新妻の甘えだったのであろう。

江戸二百六十年間に、御台所《みだいどころ》が将軍に物をねだった例はおそらく一度もない。それほど二人は人間的な絆で結ばれていた。将軍家茂は京都に着くなり、約束の帯二筋を買った。

第一次の長州征伐は事なきをえたが、第二次の長州征伐は連戦連敗。毎日、敗軍の悲報を受け、家茂は沈痛の余り弱冠二十一歳の若さで、狭心症の発作に襲われて急逝する。

その形見となった二筋の帯が江戸城に届けられると、和宮はその帯をかき抱いたまま、一週間も食を断って泣き悲しんだという。

その後、和宮は明治十年（一八七七）六月、西南戦争の最中に、肺結核の治療中、箱根塔の沢で三十一歳の生涯を閉じた。家茂の墓の近くに葬られることになった和宮の遺体は、六月の暑いさなかを、ドライアイスもない当時であるから、寝棺《ねかん》に入れられて大急ぎで運ばれ、とるものもとりあえず芝の増上寺に葬られた。

その場所は、現在のプリンスホテルの玄関に当たる。

和宮の墓所の発掘に立ち会ったので、その墓のようすをすこし述べてみたい。

ふつう、将軍の御台所ともなると三重の棺に入れられているから、死体は蠟化《ろうか》している場合が多い。しかし、和宮の場合は、よほど急いで葬られたものとみえて、一重の寝棺のまま葬られ、そのため遺体の下半分が腐敗し、上のほうはかなりミイラ化して残っていた。

その姿勢は、上向きに横たわり、通例合掌しているはずだが、左手は数珠《じゅず》を持ち、その手は頭のほうに、右手は腰の下のほうに伸びていた。


このような不思議な姿勢は、これまでにも例がない。なぜだろうかと訝《いぶか》って、右手のあたりをよく見ると、白い綸子《りんず》の衣服の上に葉書大の透明なガラス板があった。和宮は、ガラス板を持って葬られていたのである。明治十年といえば、やがて鹿鳴館《ろくめいかん》時代のはじまるころで日本でもガラスはさほど貴重なものではなかったはずである。

不思議に思って調べてみると、なにが写っているかはわからないが、これはたしかに銀板写真であった。そして、いま流行のオカルト現象ではないが、調査中に何かのはずみで三十分間だけ映像が見えたのである。その人物像が、家茂であるとか、いや熾仁親王であるとかの説もあったが、結局、家茂に間違いないことがわかった。

和宮は、家茂との結婚生活こそ一年半ではあったが、その後の十数年と発掘されるまでの九十年、合わせて百年の長いあいだ、夫の遺影を肌身離さず持っていたのである。


宮中で育った和宮の遺体は、増上寺の墓地の十数体の遺体の中で、もっとも体位が低かった。それは結核のために痩せ衰えていたということもあるが、乾燥食品の多い宮中の食事や、大奥での生活の気苦労や、家茂と死別後の心労によって、必要なカロリーやビタミンを摂取しなかったためではないかと思われる。

和宮は、明治天皇の叔母に当たる系統である。明治維新後、経済的に苦しくなった徳川家の未亡人である和宮に対して、明治天皇が援助を申し出られたが、和宮はこれを断わった。自分は徳川将軍家茂の未亡人であり、援助を受ける理由がない、一度嫁したからには徳川家の一員である、と最後まで辞退したそうである。

そのころ、最後の将軍であった徳川慶喜は、静岡県令（いまの県知事）であり、いわば一地方の長官にすぎず、将軍家であったころの収入とはくらべようもなく、和宮に対して十分な処置がとれなかったのかもしれない。

早く夫と死別したということでは、たしかに悲劇の皇女であった。しかし、結婚生活そのものは幸せで、江戸二百六十年間の御台所のなかでは、もっとも幸せな女性ではなかったかと思われる。

## 7 加賀千代

### 俳句の新境地をひらいた江戸の女流ベストセラー俳人

**朝顔に　つるべとられて　もらい水**

戦前の教科書に載っていた加賀千代《かがのちよ》の句である。朝顔の蔓《つる》が伸びすぎて井戸の釣瓶《つるべ》にからまり、朝顔を切るのは可哀そうだから近所へもらい水に行く、というわけである。女流作家の作品らしい、情感こまやかな秀句である。

加賀千代は、江戸時代の女流俳人としては第一人者であり、いま風にいえばベストセラー作家であった。現代では、女の作家がベストセラーの本を出版するのはめずらしいことではないし、新人が一躍ベストセラー作家になることもある。しかし、江戸時代に、多くの俳人を尻目に女性が第一線へ乗り出していくのは、例外中の例外であった。女流俳人は希少価値があったからだ――という説もあるが、やはり彼女の俳句が平明でわかりやすいこと、そしてなんといっても、すぐれたその才能を認めないわけにはいかない。浅薄な、小手先の才能では歴史に名が残るはずはない。

いったい、加賀千代とはどんな女性であったのだろうか。

千代は元禄十六年(一七〇三)、金沢から十数キロ離れた松任《まっとう》という町で生まれた。生家は「肝煎世話役《きもいり》」を務めたほどの家柄で、父は表具師でもあり、経済的には裕福だった。父親も和歌や俳句を多少ひねっていて、千代にも子どものころから俳句を習わせていた。

千代が二十歳になったころには、すでに松尾芭蕉が死んで二十年以上も経っていたが、芭蕉の門弟たちは自分の勢力圏を広めるために各地を旅し、〝蕉門十哲〟の一人といわれた各務支考《かがみしこう》や沢露川《ろせん》などが、加賀(石川県)を訪れている。

そこで、千代はその名門の俳人たちから教えを受けるのである。年若い千代にとっては、名の知られた俳人に教えを受けることは、ひじょうな感激だった。千代は貪るようにして俳句の知識を身につけ、才能を磨く。

やがて千代は、一流俳人から教えを受けたことに発奮し、生家をあとに伊勢へ出る。そこで芭蕉の門弟の一人である伊勢派の俳人、麦林舎乙由《ばくりんしゃおつゆう》の門をたたく。さらに名古屋へ旅し、『鶉衣《うずらごろも》』の著者である横井也有《やゆう》を訪ねている。

いまでこそ女性の一人旅はめずらしくないが、当時にあっては、たいへん困難でもあり、勇気を要することだ。しかも、教えを乞い、訪ねる相手は男性である。千代の大胆さは、ただひたすら俳句ひと筋に生きようとする情熱によって培われたものだった。その後加賀へ戻った千代は、俳壇で注目を集める佳作を次々と発表し、〝加賀の千代〟といわれるようになる。

金沢の紫仙《しせん》と二人で連歌を詠んで寺へ奉納したり、『姫の式』という句集を出版したりする。千代、二十三、四歳のころである。

その後、千代は都へ出ることもなく、こっそりと家業を手伝って郷里で過ごすが、千代という女性には、俳句の修業のために名古屋まで一人旅するような激しい気性と、栄華に振り回されない自我と、控えめな心根が同居している。この、強さ、激しさをうちに秘めた気性こそ、日本女性の典型的な特性であるともいえる。

千代は独身を通して、五十二歳で尼になり、素園《そえん》と号した。その後も生涯俳句だけは詠み続けた。六十一歳のとき、朝鮮から使節が来日し、加賀藩主前田侯のとり計らいで千代の句を書いた扇子が使節に贈られている。

冒頭の「朝顔に……」の句は、蕪村によって〝老波体〟と酷評を浴びるが、これは、悪評というよりも、あまりにも理知的で風雅にあふれ、その情緒と感覚の鋭さを衝いたものと解せる。

音添うて　雨にしずまる　砧《きぬた》かな
とぼし火の　用意や雛の　台所

晩年には『千代尼句集』二巻が出版され、いっそう評判も高まり、遠方からも多くの若い俳人が引きもきらず訪ねて来た。そういうときには、病身を無理しても床《とこ》から出て応対し、訪問者を感激させたと語り伝えられている。
女流俳人として、第一人者であったにもかかわらず、名声に驕《おご》らない謙虚な人柄であったことがしのばれる。

**月も見て　我はこの世を　かしくな**

という辞世の句を残して、安永四年（一七七五）、七十三歳で永眠した。辞世にある「かしくな」は、女性の手紙の結びの言葉で、さようならという意味である。

## 8　お梅　知られざる江戸の才女は深川芸妓の娘

江戸時代は男性中心の社会であり、女性は教養らしい教養を身につけていなかった――と、一般に考えられがちであるが、かならずしもそうとはいいきれない。

農村女性の場合は、たしかに激しい労働と貧困に明け暮れ、教養を身につける余裕のあるはずもなかった。

彼女たちは農閑期に娘宿《むすめじゅく》に集まって裁縫するくらいが精いっぱいで、当然読み書きもできない女性が多かった。しかし、武家の子女などは、かなり高い教養を身につけていた。

その一例に、江戸にお梅という才女がいて評判になった話がある。

お梅が才女と謳《うた》われたのは、もとより天性のものであった。父は、俳人として名の通った梅叟《ばいそう》という御家人《ごけにん》であり、この梅叟が五十歳で隠居してから、深川の芸妓《げいぎ》に産ませた娘がお梅である。

ある日、梅叟の屋敷に集まった文人墨客《ぶんじんぼっきゃく》の一人が、酔余の戯れに、色紙に大きく墨絵の髑髏《どくろ》を描いて、お梅を驚かそうとした。

お梅はそのとき十二歳、まだ肩上げのとれぬ少女であったが、髑髏の絵を見せられると、驚きもせずにっこりとして立ち上がり、化粧箱の中から紅入れの貝殻を取り出し、紅を小指につけ、その髑髏の額に赤い一点を捺《お》し、

紅そめて　梅花供養や　無縁仏《むえんぶつ》

と即座に一句詠んだという。

老父の慈愛深い訓育があったとはいえ、十二歳の少女が大人顔負けの即興句を詠んだのだ。以来、風流人のあいだでは、お梅は「むめ女」とよばれるようになった。蕾《つぼみ》の梅は「むめ」といい、すでに開いた梅は「んめ」と当時はよんでいたからである。

うめ咲きぬ　どれがむめやら　んめやら

とは、その煩わしさを詠んだ句である。

むめ女とよばれたのは、この蕾がどのように美しく咲くか、という期待がこめられた名である。むめ女は好んで古筆《こひつ》を模写し、碁は大人を凌ぎ、画は四君子《しくんし》を朱筆に描いて妙、また琴を奏でれば清韻《せいいん》絶妙。人はこれを称して「むめ女の四芸」といった。四芸は、至芸にかけたものであろうか。書、画、碁、そしてすべて名人の域に達していたという。

一般の女性の教養とは、女訓書が中心で、親や夫への服従の道を説いた〝教養〟が中心ではあったが、それでも『源氏物語』や『伊勢物語』などの古典や詩歌を理解するくらいの能力を持っていた。

その証拠に、『女大学《おんなだいがく》』『女中庸《おんなちゅうよう》』『女学範』『女訓孝経《こうきょう》』などのほか、江戸時代には数多くの女性の伝記も出版されている。

一面で、女性の小賢しいのはきらわれ、「才なきを以って徳とする」風潮が支配していたことも事実で、このために才女は世の脚光を浴びなかった。

歴史的にみて、たとえば紫式部や清少納言のような華々しい女流作家がいないゆえに、江戸女性は、無教養で愚昧《ぐまい》であったときめつけるのは、事実に反するし、江戸女性に失礼というものである。

江戸初期に書かれた『智慧鑑《ちえかがみ》』では、「婦人に才のないのは徳だといっているが、才智のない女は愚蒙《ぐもう》である。愚蒙な女性がなんで徳を身につけることができる」と、女性にも高い教養を身につける必要を説いている。

この本は、西鶴や滝沢馬琴《ばきん》）にさえ影響を及ぼしたといわれるほど、当時にあっては

〝進歩的〟な内容のものであるが、こういう書物が江戸時代からあったということは無視できない。事実、江戸中期ごろには、「女筆指南」という女子専門の塾もできたし、女性が寺子屋へ通ったりもした。

このような女性教育に大きな役割をはたしたのは、石田梅岩《ばいがん》（梅厳）がはじめた「心学《しんがく》」であった。

心学は享保（一七一六～三六）のころにはじまったものだが、「女中方もおくへ御通り成されべく候」といって、男女を差別せずに教育した。

当時のことであるから、男女同席だけは許さなかったようで、男は教室の前方に、女は後方に座ることになっていた。

しかし、男にまじって老若の女性が自由に講義を聞くことができたのであるから、現在の大学のようなものであった。のちには、梅岩の弟子で、女性でありながら講師を務めた者もいたほどである。

ここでの講義の内容は、主として儒教道徳、神道、仏教などであり、どうしても封建道徳を説いたものが多かったが、それでも男女を差別しなかったという点からいえば、当時としては画期的なものであった。

封建社会においては、女性は親や夫に盲従し、化粧や着物のことばかりに現《うつつ》を抜かしていた、と考えるのは間違いである。

また、さきにあげた女性の教科書として、盛んに普及した『女大学』には家庭を円満に維持するための道として、「一生懸命縫いものをしろ」「夫を天として崇《あが》めよ」「お宮や寺にあまり行くな」とか、ずいぶん勝手なことも並べている。

現代とくらべて、教育水準はたしかに低かったであろうが、勉強もせず、満足に母親の役目さえはたさない怠け者の女性は、かえって現代のほうが多いのかもしれない。

## 9 ラシャメンおむら　英艦隊を撃沈した女スパイ

女性を侮ってはいけない。女性によって歴史が書き替えられた例は、昔からたくさんある。

文久三年（一八六三）七月初め、英艦隊が鹿児島湾にはいって薩摩を砲撃した事件があるが、このとき舞台裏で活躍したのが、女スパイのラシャメン（洋妾《ようしょう》）おむらである。

おむらのはたらきがなかったら、このときの戦いはどうなったかわからない。ペリーの四隻の黒船でさえ、夜も眠られずにびくついていた幕府である。この史上最大の艦隊を迎えた驚きは想像に余りある。彼女は細腕一本で英艦隊を撃退したことになり、幕末の歴史に名をとどめるに値する女性であった。

さて、その事件というのは――

文久三年七月二日から三日にかけて、クーパー提督が率いる七隻の英国艦隊はいきなり海上から鹿児島の市街を砲撃したため、市街の一部が焼け、かなりの死傷者が出た。この砲撃は、前年八月、生麦《なまむぎ》事件で英国人が薩摩藩士に殺された報復措置として行なわれたものである。

英国艦隊は、報復とはいえ、これによって本格的な戦闘をもくろんだわけではなく、威嚇の意味の砲撃であった。もともと勝敗を決しようという戦いはなかったにせよ、英国側ではまったく予期していなかった薩摩藩の猛烈な反撃に遭い、艦隊は大損傷の敗北をこうむる結果となった。英艦隊七隻のうち無傷で残ったのはインディアン号だけで、二隻は沈没、ほかの艦も砲塔や機関部を破壊し尽くされ、クーパー提督が負傷したのをはじめ、おもな指揮官はほとんど戦死してしまった。これには英国も驚いた。威嚇するつもりが、逆に威嚇されて、ほうほうの体《てい》で退却しなければならなかった英艦隊。英艦隊はこの予想もしない大敗北を喫して面目はまるつぶれとなり、反対に薩摩藩はいやが上にも意気軒昂《けんこう》となった。

これには理由があった。もちろん、薩摩藩は装備が整い、藩士が勇敢に戦ったことや、折からの暴風雨に見舞われて英艦隊が予想外の苦境に陥ったことなどが、英艦隊の敗北の直接の原因ではあるが、それにも増して、おむらの機敏なスパイ活動が奏効したからであった。

話はまえへ戻るが、この砲撃事件の前年に英人殺害の生麦事件があり、英艦隊は数カ月まえから横浜港に集結し、横浜で開かれていた英公使と幕府の交渉を監視していたのである。したがって、当時、日本と英国とは一触即発の危険な関係にあり、幕府は緊迫した状態で英艦隊を取り扱っていた。一つ間違えれば英艦隊が江戸の町を砲撃しかねない、という状況にあったのである。

そこで幕府では懐柔策《かいじゅう》として、艦隊の長官をはじめ隊員に対し〝ラシャメン〟を斡旋することにした。それを引き受けたのは、横浜の〝洋妾周旋《しゅうせん》業者〟の黄金屋、蓬莱《ほうらい》屋、武蔵屋などである。当時の『横浜男女出稼女人名帳』には「異人士官様勤め」の洋妾《ラシャメン》志望者の名まえが八十人記されている。

さて周旋業者らは幕府の特命とあって、選り抜きのラシャメンを斡旋したが、そのなかにもぐり込んでいたのが女スパイ、おむらであった。

おむらは当時二十三歳、器量も姿も群を抜いていたので、提督専門の妾になった。そのときのおむらの給料は月給六十両（当時、米一石が一両ぐらいとして現在の給料に換算すると約二百四十万円である）で、そのなかの条件として「病気のときは関係を拒絶してもよい」「週一回、外へ遊びに出てもよい」「妊振して子どもが生まれたら英国人が引き取る」ことなどが認められ、破格の扱いを受けた。

そして、横浜山の手の英人アンドリューの別宅にはいって、提督クーパー少将と生活をともにするのであるが、この別宅が幕英会談の会場であり、ここには当然英国人が多数出はいりしていた。したがって、スパイおむらは苦もなく英国側の情報を入手することができたのである。

おむらは週一回、街を散歩することが許されていたから、外出のたびに藤屋という宿で

三、四時間の休息をとる。ここで、そのつど、これまで入手した情報を逐一、薩摩藩の志士木藤彦三（本名、比古蔵）に報告した。そしてその情報は木藤の手を経てすべて薩摩藩に通報されたのである。

木藤彦三という人物は、自分の親戚であり、親しく付き合っていた薩摩の浪人木藤市助が、京都伏見の寺田屋騒動にからんで死罪をいい渡されたとき、藩主の島津久光（ひさみつ）に助けられた、という経緯があって藩主に強い恩義を感じており、その恩に報いるために薩摩のスパイになった男である。

木藤彦三は、以前からラシャメンの周旋屋に出入りしており、おむらとはもともと恋仲であったのだが、ここはお国のために、と彼女を口説いて女スパイに仕立てた。

当今、恋人のために銀行の大金を何億と横領して男に貢ぐ女性がいて話題になったが、女は恋をすると自分の身を捨てて恋人に尽くそうとするものらしい。

おむらもそういう熱烈な女であったのだろうが、しかし並みの才覚では、スパイのような緻密な仕事は勤まるものではない。おむらは美貌に加えて、相当な知能の持ち主でもあったのだろう。

おむらから木藤に寄せられたおもな情報は、英艦隊は薩摩を砲撃するために某日出撃した。英艦隊が薩摩を砲撃するのはたんなる威嚇であって、大量の砲弾は積んでいない。提督をはじめ、隊員たちはラシャメンの接待によって腑抜け状態で、はなはだ士気は上がらない——などである。

このような有力な情報が逐一、薩摩に伝えられていたから、英艦隊がいくら威嚇しようとしたところで、血気に逸《はや》る薩摩藩が降参するはずはなかった。

結果はさきに書いたとおりである。一人の女スパイの活躍で、さしも堅牢《けんろう》を誇った英艦隊が、あっけなく敗退したという幕末の秘話であるが、このような女性の働きは男尊女卑の気風の強かった江戸時代において、男の名誉のかげに隠されて、表立って現われることはまれだった。

しかし、とくにこのような時代の転換期には、裏方として歴史を支え、動かした無名の女たちの、無数のはたらきがあったことを忘れてはならない。

## 10

# 笠森《かさもり》おせん　歴史に名を残した絶世の美女

江戸は天下の大都市であったから、さまざまな職業の女がいた。女中、飯炊き、女歌舞伎役者、水茶屋の女、射的場の矢場女《やばおんな》、湯女《ゆな》、妾《めかけ》、夜鷹《よたか》、吉原の遊女――いかにも徳川泰平の世らしく、女性の職業もバラエティーに富んでいる。

そういうさまざまな職業の女のうち、江戸女性史に名を残した女も少なくない。柳橋芸者の小万、唐人お吉、高尾太夫《たかおたゆう》、あるいは大奥スキャンダルの絵島《えじま》・・・。

そういう江戸女性のうちで、だれがいちばん美人であったか、ということを考えてみるのもおもしろい。〝おもしろい〟というより、こういうことは当時の人たちも興味があったようで、実際に美人コンクールの催しがあった。

それによると、水茶屋の笠森おせんという女性が、抜群の美貌の持ち主ということで〝ミス江戸〟に選ばれている。

彼女の嬌名《きょうめい》はたいへんなものだったようで、大正時代（一九一二〜二六）、永井荷風と笹川臨風がわざわざ笠森おせんをしのんで記念碑を建てたくらいである。

荷風はその碑文に、「笠森の茶屋かきやお仙、春信が錦絵に面影をとどめて百五十有余年、嬌名今に高し」と書き記した。

おせんは、後世の文豪にまでほめたたえられているのだから、さぞや草葉のかげで満足しているにちがいない。美貌というだけで歴史に名を残した者はそうざらにはいない。笠森おせんは、よほどの美人だったのだろう。

なるほど、おせんは錦絵をはじめ、絵双紙《えぞうし》、双六に描かれ、また江戸の浮世絵の代表的作者であった鈴木春信によっても描かれている。あるいはまた、大田蜀山人《しょくさんじん》（南畝《なんぽ》）の『半田閑話』や『飴売土平伝』にもほめたたえられている。

水茶屋というのは、酒、肴を供し、それがさらに料理も豊富にした。茶屋が多くなると、色香を添えた給仕ぶりがさらに怪しげな振る舞いとなり、ついには春をひさぐ売春宿のような性格を帯びてくる。しかし、おせんがいたのはよしず張りの腰かけ茶屋で、甘酒や団子やお茶を出して、客にひと休みさせるところである。

おせんは、柳腰の絶世の美女で、茶屋の前を通って、おせんを見た者は、引きつけられてかならず店にはいって休むものだから、たちまち店の前に行列ができ、茶屋では水を撒《ま》いて男たちを追い散らしたといわれる。なんとも、凄《すさ》まじい美女がいたものである。

おせんが柳腰であったというその柳腰について、慶安五年（一六五二）に発行された『女《じょ》鏡秘伝書《きょうひでんしょ》』という本に次のように書かれている。

「あまりに静なるも、やうやうし、そとより早きは卑し、手の置きやう、足の運び、広からず、狭からず、大方は腰を強く据《す》えてよし、腰の弱きは痿《な》へたるやうにてあしきとぞ、さりながらも腰もとは柳の如くたおやかなるこそよけれといへり、後へすこし反りたる体そよし、うつむきたるはよろしからず」

柳腰は、江戸美人に欠くべからざる条件だったのである。それだから廂髪《ひさしがみ》でオデコを隠したように、柳腰でない女性は、帯で腰の形を隠したり、腰形を着物の下に当てて柳腰を装うために工夫を凝らしたものである。

しかし、おせんの柳腰は生まれながらのものであり、その美貌もまた天性のもので、化粧しなくて〝バラの花のように〟引き立ったといわれる。

おせんの出生についてはいろいろな説があって明らかではないが、江戸爛熟期の明和五年（一七六八）、谷中《やなか》感応寺の境内の笠森稲荷前の茶屋「鍵屋」に立つようになった、と伝えられている。このとき、おせんは十七歳だった。

感応寺は、毎月〝富くじ〟をやることで名が知られ、多くの人が集まったが、その境内にあった笠森稲荷も、これまた瘡《かさ》（性病）を治すということで多くの信者を集めたお稲荷さんである。

当時の江戸には私娼が多く、したがって性病の予防も、また化学薬治療も不十分な当時にあっては、この性病が相当に広がっていて、瘡持ちの男たちがこの稲荷にお詣りしたということだ。

男たちのあいだにおせんのうわさが広まり、鍵屋の中も、外も、おせんファンでごった返したから、水でも撒いて追い散らさなければどうにもならなかった。いま人気絶頂の女性タレントが、駄菓子屋の店番をしたと思えばよい。

ところが、やがておせんは、お庭番で幕府の隠密《おんみつ》である倉地政之助のもとへ嫁に行き、忽然と鍵屋から姿を消すのである。

倉地が隠密であったことから、人目についたり話題になるのを避けたのである。鍵屋の主人も、おせんの行方については口をつぐんで話さなかった。

いまならさしずめ、週刊誌の記者が〝ミス江戸、謎の失踪〟といった調子で追いかけるところだろう。当時は、おせんファンが江戸市中を血眼《ちまなこ》になって探し求めた。そのため、鍵屋の主人が手ごめにして殺した、というようなうわさが立ったほどである。おせんはやがて二人の子を産み、七十六歳まで長生きしてこの世を去った。

この〝ミス江戸〟の墓はいまも中野の正見寺にある。その生涯は意外に平凡で、幸福そのものだったと伝えられる。

# 11 女子留学生たち　日本の国際化を促した

明治初期は欧米諸国家にならって、新しい学問、制度、風俗を、なんでもとり入れたときである。こうした中で、いち早くキリスト教が日本において女子教育をはじめた。そのもっとも古いのは、東京・築地にできた海岸女学校であって、学制発布以前に設立され、キリスト教主義による女子教育を行なった。男女同権という立場から、立ち遅れていた日本に女子教育を導入したのである。

こうした傾向があるうえに、西洋新知識を外国から持ち帰った人たちが、西洋における男女同権の社会に比較して、立ち遅れている日本の女子の教育的水準を高めるために、勇敢にも明治四年（一八七一）に女子海外留学生を派遣することとなった。

のちに有名な津田塾をつくった津田梅子、永井繁子（のちの瓜生《うりゅう》繁子）、のち大山巌《いわお》の夫人になった山川捨松《すてまつ》ら五人の少女である。数え年九歳から十六歳までの少女が選ばれたが、なかには十年間も欧米で学んで、帰国後はいずれも社会で指導的な役割をはたした。

この女子留学生を派遣したのは、当時の北海道開拓使庁であった。北海道開拓使は、北海道という新天地を開くために、政府が外人技師を雇い、農業改良によって北海道にふさわしい近代農業を行なうのが目的であったから、そこに来た外人技師などの影響もあって、少女の留学が実現できたのである。

彼女ら留学生が帰国すると、まず風俗からして欧米のものを伝え、また女子にも外国語教育の必要なことを教えたので、当時設立されはじめた女学校では、その影響もあって、外国語教育を取り入れた。

たとえば明治五年に有名な京都の女功場が鴨川べりに創立されたが、これはのちに祇園《ぎおん》にできた女功場とは異なり、女子の手工業である手芸、裁縫を教え、同時に英語の教育も行なった。これがのちに京都府立第一高等女学校（鴨沂高校）となった。

こうして欧米の言葉を覚えることによって、外国文化に早く接触できると考えたわけで、明治時代の教育界は、まさに外国語教育が学校教育の骨組みになっているくらいであった。これはいかにも外国語偏重のように見えるが、その意図は外国文化の吸収にあったのである。

女子留学生の海外派遣という思いきったできごとは、日本の女子教育の水準を高める契機となり、この後の日本の国際化にも大きく貢献している。そして、女子の社会的地位をも高めていく大きな動機となったということができよう。

## 12 八百屋お七

### 十六歳の少女が江戸を代表する〝悲恋物語〟の主人公

男性でも、女性でも恋人からは愛されたいと願う。しかし、激しく愛されることが、いつも幸福だとはかぎらない。愛ゆえの悲劇はいつの世にもあることである。

〝八百屋お七〟はその悲劇の典型的な例である。

八百屋お七といえば、井原西鶴の『好色五人女』や、芝居の『中将姫《ちゅうじょうひめ》　京雛《きょうびな》』などに登場して、江戸時代の好色女を代表する女性のように思われているが、年齢はわずか十六歳、いまの高校一年生ぐらいの年ごろで、恋のために身を滅ぼした哀れな女性とみれば、痛々しくもある。

『好色五人女』には、お七について、次のように書かれている。

「お七は、吉三郎の寝姿に寄り添い、何共《なんとも》言葉なく、しどけなくもたれかかれば、吉三郎夢さめて、なお身をふるわし、小夜着の袂《たもと》を引きかぶりしを引きのけ、髪に用捨《ようしゃ》もなき事やといえば、吉三郎せつなく、わたくしは十六になりますといえば、お七わたくしも十六になります。吉三郎かさねて、長老殿がこわや、という、おれも長老殿はこわという。何とも此恋はじめもどかし、後はふたりながら涙をこぼしで不埒《ふらち》なりしに…」(『好色五人女』巻四)

西鶴の小説によると、吉三郎のところへ通って行くのはお七で、吉三郎のほうは初心《うぶ》で震えていたことになっている。もちろん『好色五人女』は小説であるから、どう脚色しようと作者の勝手であるが、しかし事実はどうであったか、興味深いところである。

お七くらいの女性になると、さまざまな伝説が生まれ、小説やお芝居で騒がれているが、ここではお七狂恋《きょうれん》の真相を探ってみたい。

駒込追分《おいわけ》に太郎兵衛という八百屋を営む者がいた。太郎兵衛の前身は、加賀百万石前田家江戸詰めの武士で、旧名を山瀬三郎兵衛といった。わけあって町人となったが、家業の八百屋に精を出したのでかなりの富を築き、なに不自由のない暮らしをしていた。
太郎兵衛夫婦は、子どもがなく、そこで七面尊神に祈願して、寛文八年（一六六八）、ようやく一子をもうけた。夫婦は七面尊神の賜物《たまもの》だと信じ、その子を〝お七〟と名づける。お七は成長するとなかなかの美人になった。

天和元年（一六八一）二月、本郷丸山あたりから出た火によって、江戸は大火災に見舞われる。この火事に焼け出された太郎兵衛一家は、家が改築されるまで、弟が住職をしている小石川の円乗寺に避難した。

このとき、お七は十六歳。一家が身を寄せた円乗寺に、旗本山田重太郎の次男佐兵衛が同宿していた。佐兵衛もお七と同じ十六歳で、なかなかの美男だった。

お七と佐兵衛は、朝夕顔を合わせているうちに恋仲となる。江戸時代には、十六歳はすでに結婚適齢期であり、恋愛においても早熟だったのである。お七がいい寄ったのか、佐兵衛がお七を口説いたのか、それは定かではないが、相寄る魂の自然の成り行きである。同じ屋根の下で恋人同士が同居しているのだから、肉体関係に発展するのも早かっただろう。

しかし、やがて太郎兵衛の家が新築され、一家はもとの住所へ引っ越すことになる。恋は引き裂かれるとよけいに燃えるもので、お七は佐兵衛のことを忘れられず、ついには恋の病で床に伏すようになる。

さて、ここにお七の恋煩《わずら》いのうわさを聞いて、駒込吉祥寺の門番である吉三郎が登場する。吉三郎はたいへんな悪者で、お七の病室にしのび込んで、佐兵衛との仲をとりもってやると、言葉巧みにお七にいい寄るのである。

恋は盲目というが、理性を失っているお七は、佐兵衛との仲をとりもってくれるという吉三郎を信じ、吉三郎に恋文を託したりする。吉三郎は、巧みにお七を操りながら、なんのかんのと仲をとりもつふりをしては何度も〝手数料〟を巻き上げている。

吉三郎は、はじめから二人の仲をとりもつ気はなく、手数料と称して金を巻き上げることだけが目的であった。しかし、お七を騙《だま》し続けるうそもやがて底をつく。そうなると、とうとう苦しまぎれに、

「もう一度おまえの家が焼ければ、一家は円乗寺に移ることになり、また佐兵衛とも自由

に会えるじゃないか」と、お七に放火をそそのかす。募《つの》る恋心のために見境がなくなっているお七は、吉三郎の口車に乗って、新築したばかりの自分の家に火を放ってしまう。

吉三郎はよほど悪者みえて、お七の家が火事になるとさっそく、着物や金目のものをまとめて、〝火事場泥棒〟に変身するのだが、そこを盗賊奉行中山勘解由《かかげゆ》の配下に盗みの現行犯でつかまってしまう。

放火の嫌疑で詰問されると、吉三郎は事の次第、一部始終をすべて自供してしまったため、お七も放火の罪で捕らえられる。

このとき、肥前（佐賀県）唐津七万石の城主土井大炊頭《おおいのかみ》利重が江戸において、お七の話を聞くと、奉行を招いて、

「貴殿より、お七は十六歳と申し立てられたが、よく詮議せよ。万一十五歳以下であれば、国禁を犯したとしても、子どもゆえ、その罪を減ぜられよ」

と命じた。ものわかりのよい奉行は、お七を十四歳として慈悲をかけようと示唆するのだが、吉三郎は、その分だけ自分が罰を負う破目になると考えて、お七が十六歳であるこ

とを強く申し出て、そのために、奉行のせっかくの情ある取り計らいも水の泡になってしまう。

結局、お七は江戸市中引き回しのうえ、火刑に処せられた。江戸庶民は、恋ゆえに極刑に処せられた若く美しいお七の哀れさに涙し、心底、同情を惜しまなかったにちがいない。

お七の愛人であった佐兵衛は、お七の放火が自分のためであったことを知って、自害を企てるが、円乗寺の住職に懇々と諭されて思いとどまる。それ以来、佐兵衛は一念発起して僧になり、名を西蓮《さいれん》と改めてお七の供養に尽くしたという。

昔は、浮世を儚《はかな》んで僧になり名を残した人がたくさんいたが、佐兵衛も僧になって諸国を行脚《あんぎゃ》し、各地に御堂や地蔵尊を建てている。新宿大宗寺や巣鴨真性寺の地蔵は、佐兵衛が建てたものである。

佐兵衛、つまり西蓮は寛文二年（一六六二）十月、七十二歳で没し、その墓はいまでも、小石川の円乗寺にある。戒名「妙栄禅定尼」となったお七は、彼女の恋の舞台であった同じ円乗寺に葬られている。

お七の死後二十六年目の宝永五年（一七〇八）の春、江戸中村座において、『中将姫　京雛』という外題《げだい》で、お七のことがはじめて芝居になった。たびたび小説や芝居の主人公に江戸時代を代表する〝悲恋物語〟として人気をよぶことになった。

## 13　日本のジャンヌ・ダルク　「応永の外寇《がいこう》」を勝利に導いた

「弱き者、汝の名は女」――と大シェークスピアが書いたくらい、女は昔から弱いものという先入観があるが、必ずしもそうとばかりはいえない。

寛永七年（一六三〇）、奥州（福島県）磐城《いわき》七万石の城主、内藤帯刀忠興《たてわきただおき》は江戸屋敷への出府から帰国すると、いつものようにそのまま奥へはいった。

大名の家の構造は、表・中奥・奥の三つに分かれる。表は執務の場、中奥は居間で女人禁制、奥は夫人の住まいで男子禁制、というのが建て前である。中奥と奥とはひと筋の廊下だけで連絡して、途中に「お錠口《じょうぐち》」と名づけられる関門があるのは江戸の大奥と同様である。

　この門を通れるのは主人である大名だけで、主人が奥入りするとき、中奥の男たちがここまで送って来て、迎えに出ている女たちと交代する。

　お錠口には奥方をはじめ御女中たちが数名出迎えていた。忠興の夫人は、秋田庄内の酒井家の女《むすめ》で、若いころから美人の誉れ高く、四十に手の届くこの年になっても十分に美しかった。そのうえ夫人はなかなかの女傑で才量もあり、凡庸な忠興を内助の功によって盛り立て、今日まで七万石を維持してきた女である。

　小姓《こしょう》の土方《ひじかた》大八郎は、忠興がお錠口にはいるのを待って敷居ぎわにすり寄り、御女中の一人に主人の刀を渡し、お錠口が閉まるのを両手をついて待つのがつねであった。ところが、このとき思いがけない光景をみた。


　数ある奥女中のなかで、よく侍たちのあいだでうわさの種になるいちばん美しい女中の手を、忠興がそっと握り締めたのである。女中は驚き、ハッとした表情がみえたと同時に、お錠口の戸が閉まった。中では、とたんに奥方が荒々しく立ち上がり、忠興を見据えて

「尾籠《びろう》な！」と叫び、そのまま奥に走り込んでいった。嫉妬というよりも、夫がほかの女に戯《たわむ》れる軽率さが許せなかった。

大八郎が立ち去ろうとすると、突然、うしろのほうに異様な物音が起こり、廊下が振動した。地震ではないかと思ったのも束の間、「奥が腹を立てて、薙刀《なぎなた》を持って迫って来る」といい残して殿が駆け抜けて行く。大八郎はとっさに覚悟を決めた。殿の身代わりになろうと決心したのである。大八郎と夫を間違えてか、夫人は「お覚悟！」というなり斬りつけてきた。次の瞬間、やっと相手が土方大八郎であるのに気がつき、さいわい傷は浅くてすんだ。

この薙刀事件以後、忠興は大いに身を慎み、領民の一揆のときも、奥方と相談して大過なくこれを切り抜けた。磐城七万石が長く栄えたのは、夫人が女傑でもあり、才覚もすぐれていたからといわれている。江戸時代には、ほかにもこうした例が多く、女房族が主人を尻に敷くのもけっしてめずらしいことではなかった。

## 14 別式女《べっしきめ》　流行歌にまで勇姿をたたえられた

寛政年間（一七八九～一八〇一）に書かれた『黒甜瑣語《こくてんさご》』という随筆の中に、こんな話がある。「諸大名のうちに、『別式』といって、大小を差した女がいる。眉を落として、眉をひかず、青く眉の跡が残っている。着物もきりっと着て、長い裾を引きずってはいない。まことに女らしいところなど全然なく、勇ましい恰好をして、どの女も利《き》かぬ気な顔をしている。尾州《びしゅう》、紀州、水戸の御三家をはじめ、加賀、薩摩などにとくに多い」

この「別式女」という勇ましい女たちが現われたのは、延宝（一六七三～八一）以後のことで、世の中が泰平になると同時に、武家は柔弱《にゅうじゃく》になってくる。その反動として、寛文（一六六一～七三）ごろから武張った女が珍重されるようになった。これは寛文以来、奴《やっこ》風と称して伊達《だて》奴が各地に流行したのと同じである。武家の奥向きでも武芸が盛んになって、木刀を振り回し、鎖鎌《くさりがま》、薙刀、馬術などの稽古をする女が多くなった。加賀藩主五代の前田綱紀《つなのり》のときも、剣を振り回す別式女の鼻息が荒かった。男が柔弱になると女が強くなるのは、現代の風潮だけとはかぎらない。

『婦女義勇伝』という記録によると、六代目前田吉徳《よしのり》のころ、加賀藩以外にも別式女を抱えている藩が十七、八藩にのぼっている。

別式女は、「刀腰婦《とうようふ》」「帯剣女《たいけんめ》」などといろいろなよび方をされる。有名な別式女は、仙台が十人、紀州・姫路・肥後・薩摩が各四人、水戸・長州が三人と数えられたりした。

加賀騒動の立役者で蚊《か》責《ぜ》めに遭ったという浅尾という女性も、やはり別式女である。

浅尾は、逆臣大槻内蔵助《おおつきくらのすけ》の一味で主君の前田重照《しげてる》を毒殺しようと企んだ、という罪で無数の蚊のうごめく六尺（約一・八メートル）四方の牢の中へ入れられた。浅尾の歯は全部抜きとられ、舌を噛んで自殺できないようにされていた。そして数百匹の蚊とともに、この世ながらの無間《むげん》地獄の苦患《くげん》を味わわされたが、浅尾は数日間、この惨刑に耐え抜いたという。

また、八王子の馬喰の娘にすえという女がいた。上野で花見の折、荒れ狂った放れ駒の前に大手を広げ、みごと馬をとりおさえたばかりでなく、馬にとび乗り、清水観音堂のかげで駒をとめ、梅の枝に手綱《たづな》を結びつけて帰った。これを見た加賀藩士の話で推薦され、馬喰の子から一躍、奥女中になった。

この女性は、馬術はもとより、剣術も男顔負けの腕前であり、加賀藩随一の「別式女」として城の警備に当たった。

咲いた桜に　なぜ駒つなぐ　駒が勇めば　花が散る

だれがつくったのか、この流行歌《はやり》は、暴れ馬を簡単にとりひしいだすえの勇姿をたたえる謡として、江戸の巷に流行した。

ある日、すえが外出したとき、大小を差した町のならず者数人にからまれた。すえは、かまわず通り過ぎたが、あまりのしつこさに、大刀を抜き放った。数人のやくざと女一人の決闘である。

男三人が斬られ、二人は逃げ去った。しかしすえは、女主人から頼まれた書状を、この争いのさなかに紛失してしまった。

「たいせつな書状を紛失して申し訳ない」と、すえはその場で割腹した。いかに別式女とはいえ、女の切腹とは前代未聞である。

## 15 女性勤王家たち　明治維新の原動力となった

明治維新は薩摩、長州、土佐、肥前の四つの雄藩が中心となって、十五代将軍慶喜《よしのぶ》に大政奉還をさせて起こったものである。形はそのようであったが、明治維新を動かす原動力は、すでに以前からみられた。高山彦九郎などの勤王運動をはじめ、各地で封建政治に対する批判運動が起こっていたのはその例である。

封建制批判は、必ずしも王政復古を直接の目的とするよりも、とにかく幕府の形態と封建制の仕組みを改めさせようとするものであった。しかし幕末に近づくにしたがって、松下村塾《しょうかそんじゅく》などの教えとか、水戸学の教養が広がっていくと、封建制自体を否定しようとする形になっていった。

そうして経過としては、尊王攘夷とか佐幕開国という言葉でいわれるように、いっぽうでは朝廷を、いっぽうでは幕府を擁護して世論は対立した。その対立の渦中で、議論を仲介して情報を伝達する者が出てきた。それがいわゆる勤王の志士である。

現代の情報時代なら必要はないが、当時は情報をたえず伝達し、世論をまとめていって仲介する人間が必要とされた。そういう勤王の志士で、世に名まえを知られているのは一般には男子だけであるが、ここに女性の一群の勤王家がいたことも忘れることができない。

女性の力は社会の表面には出ないが、幕末までに起こった農民の一揆でも、農村女性がうしろ楯となってたえず助力したり、一揆の首謀者を隠したり励ましている。女性だけの米一揆さえ行なったところがある。そうした女性の台頭の結果、何人かの代表的女性が維新に参加するにいたった。

その一人が原菜蘋《さいひん》である。彼女は筑前(福岡県)秋月藩の藩士原古処《こしょ》の娘で、名まえをみちといい、男装をして、広瀬淡窓《たんそう》という儒者について学び、勤王家の頼山陽《らいさんよう》、梁川星巌《やながわせいがん》などと交際があって、詩文章が巧みであった。

このように男の中にまじって、男と同じ教養を持つ女性がいたこと、しかも幕府批判の大きな力となったことは、維新に女性が参加している例証となろう。

また京都においては画家池大雅《いけのたいが》の妻で玉瀾《ぎょくらん》夫人という女性がいた。彼女は祇園《ぎおん》まち子ともいい、母、祖母とともに当時の祇園の三女といって有名であった。和歌をつくったり、勤王の志士と交際し、京都を舞台にして勤王運動の素地をつくるのに役立った。

また梁川星巌の妻の紅蘭《こうらん》は、維新参加の夫の影響を受けて、美濃（岐阜県）から京都に出て志士たちと交わった。安政の大獄で捕らえられて半年間も入牢《にゅうろう》したが、ついに自白せずに放免された。このように女性でも、男性と同じように生死の境を出はいりした人がいたのである。

有名な野村望東尼《ぼうとうに》は、文化三年（一八〇六）に福岡藩士の浦野家に生まれ、もとという名であって、野村貞貫と結婚した。夫は吉田松陰《しょういん》の弟子であり、和歌が巧みで大隈言道《おおくまことみち》という歌人に入門していたので、彼女もともに学んだ。

やがて夫が死んだので出家して望東尼と名乗り、有名な月照《げっしょう》を後援した。それを通じて西郷隆盛、平野国臣《くにおみ》、高杉晋作などと交渉があり、元治元年（一八四六）には高杉晋作を庇《かば》ったために、豊後（大分県）の姫島に流されたほどである。

のち長州藩に守られ、維新まえに死んだが、もっと生きていれば、維新における女性功労者として厚く遇されたと思う。彼女も志士のあいだを立ち回って、情報伝達と励ましの役目をしたわけである。

そのほか、高田おさむという女性は、福岡藩の医師の娘で、医学を修め、結婚後は夫がたいへん凡庸であったので、これを追い出して、興志塾という私塾をつくった。この中からのちの玄洋社同人といわれる国粋運動をした人たちが育つのであって、頭山満《とうやまみつる》もこの門下である。彼女はたえず男装をして刀を差し、養子に自分のことを父とよばせた。やはり勤王運動の意志伝達係をした人である。

なお維新後になるが、奥村五百子《いおこ》は勤王の婦人運動家で、西南の役ごろから政治運動をはじめ、日清戦争ごろには大陸に渡るなどして、やがて愛国婦人会を創立した人として有名である。

いっぽうでは、会津の女性白虎隊《びゃっこたい》のように、藩士を助けて活動した勇敢な女性たちもあった。会津藩の運命を心配して、正義感をもってこれを支えようとしたのだが、彼女らの力ではもはや時代の流れをとめることはできず、ついにむなしく滅んでいった。

明治維新は男性だけが中心になって行なった社会変革のように見えるが、以上の例のように、女性もこれに参加していることを、私たちは忘れることができないと思う。

## 16 〝嬶《かか》ア天下〟が天下泰平をつくる

江戸にも〝嬶《かか》ア天下〟の風は相当強かった。江戸の場合は男が多く、女が少ないという人口比の問題であって、気候、風土とは関係ない。たとえば、享保四年（一七一九）の十五歳以上の人口は、男が三十八万九千百十八人に対して、女が十四万四千七百十五人。江戸時代をざっと見渡してみても、女が男より多いという時代はなかった。

男女の釣り合いがとれていないとすれば、少ないほうに希少価値があり、威張っていられるというのが自然の法則だ。

おおむね新興都市というものは、商人、職人、武士にしろ、他国から集まって来たもので、江戸とてその例外ではない。そして他方から集まって来るのは、まず独身の男である。独身でないにしても、家族を郷里に置いたままの〝仮独身者〟である。

女が、一人で江戸に出て来ても簡単に職があるはずもなく、あるとすれば遊女ぐらいだ。このような理由もあって男女比のアンバランスを生み、女性の〝相場〟がいやが上にも高くなるということだろう。

「男やもめに蛆《うじ》がわき、女やもめに花が咲く」という譬《たと》えも、ある意味では女尊男卑の表現である。一人の女性に多数の男性がプロポーズすれば、当然意を強くして選択権を行使し、女は世にいう、気位を高くかまえるということになるだろう。

『世事見聞録』には、当時の嬶ァ天下ぶりが次のように紹介されている。

「妻は夫の留守を幸に、近所合壁《あいへき》の女房同士寄集り、己《おの》が夫を不甲斐《ふかい》性ものに申《もうし》なし、互ひに身の蕩楽《とうらく》なる事を咄《はな》し合、又紋かるためくり抔《など》いふ小博奕《ばくち》をいたし、或《あるい》は若き男を相手に酒を給《た》べ、或は芝居見物其外《そのがい》遊山《ゆさん》物参り等に同道いたし、雑司ヶ谷《ぞうしがや》、堀の内、目黒、亀井戸、王子、深川、隅田川、梅若杯へ参り、又此道筋、近来料理屋、水茶屋の類《たぐい》、沢山《たくさん》に出来たる故、右等の所へ立入、又は二階杯へ上り、金銭を費《な》して緩々《ゆるゆる》休息し、又晩に及んで、夫の帰りし時、終日の労を厭《いと》ひ遣《や》らず、却って水を汲ませ、煮焚《にたき》を致させ、夫を誑《たぶら》し、賺《すか》して使ふを手柄とし、女房は主人の如く、夫は下人の如し」

夫が働きに出た留守に、女房は若いツバメを連れて水茶屋などにしけ込み、家へ帰っては口を拭い、夫をアゴで使う――というのだから、その〝嬶ァ天下〟ぶりも、凄まじい。夫のほうに甲斐性があって、やれ着物だ、やれ遊山だ、芝居だと、女房の希望をかなえてやればまだしも、当時の町人の生活はぜいたくなどほど遠い話で、いちいち女房の機嫌をとってはいられない。そうなると、ますます女房の不満が増長してくる。

そういう嬶ァ天下の風潮をたたき壊さんばかり女を虐待する男もいて、それが男らしいのだという風潮もいっぽうにはあった。

逢えばいつでも　ふんだり蹴ったり　嶋田の蹴鞠《けまり》は　ありゃしない
ものいはずに　ふんだりけったり　壬生《みぶ》の踊じゃあるまいし

この俗謡は、男の卑劣を謡《うた》ったものではない。女をだいじにするのはみっともないと、日ごろ尻に敷かれている男が、精いっぱいの強がりをみせたときの姿を謡ったものであろう。

嬶ァ天下の気風も、家の中におさまっているかぎりは、夫が我慢するだけですむが、しだいに高じてくると家の外まで波及してくる。そうなると、『世事見聞録』にもあるように、女房が外で酒を飲み、水茶屋で浮気をする。

さらに〝暴走〟するといろいろと欲がからんで売春までするようになる。事実、江戸時代にはぜいたく奢侈《しゃし》を求めて娼婦になった人妻も少なくなかった。

それに、人妻のあいだでは、色恋を割りきっていて、恋は女のかけがえのないほどたいせつなもの、美しくあるべきもので、色（浮気）は別でまったく簡単に考える風潮があった。こんな考え方も、嬶ァ天下の気風が延長されてこそはじめて到達する哲学なのであろう。


〝惚れっぽい〟〝仇《あだ》っぽい〟ことを「粋《いき》」とし、それらに無縁なものを「野暮《やぼ》」としたのも、江戸時代の女性が人間の本能を謳歌している姿を物語るものである。

いずれにせよ、男性が多く、女性が少ないのだから、男が強がってみたところで、喧嘩にならぬというわけである。

女性が強い時代は、世の中の平和が保たれるというから、現代もなかなか平和な世の中なのだろう。女性が多少威張るくらい、世の男性は我慢したほうがいいのかもしれない。

## コラム 女の男への憧れが、江戸の装飾文化をつくった

どこの社会においても、社会的地位の低い者が、高い者に対して媚《こ》びる傾向があるので、低いほうが高いほう以上に身体装飾をする習慣がある。日本の古代には、男性の地位が女性よりも低かったので、男のほうがむしろ熱心に顔に色を塗ったりしている。埴輪《はにわ》をみると、男の埴輪の顔に赤い絵具でくまどりしてあることが多い。

平安朝になると、女性の地位が下がるので、有名な十二単《ひとえ》という華美な衣装に身を包み、顔に厚く白粉《おしろい》を塗り、眉を抜いて額の上部に引き眉をし、唇には小さく紅をつけ、頬の下にわずかに頬紅をつける厚化粧となった。

そしてあくまで白い顔を、黒い髪で三方を包んで、極端な白と黒との明暗相対照する化粧を行ない、ほの暗い宮殿の中に住んでいた。

これがやがて江戸時代になると、男女が異性の風俗をまねるようになった。男のものを女が、女のものを男がまねるのは、異性欲求の本能といって世界民族共通に見られる。そのすこしまえ

の桃山時代は、戦国乱世が終わったあとで、殺伐な気風が残っていた。

だいたい男髷《わげ》は、髪を上にまとめて先を束ねるようなものであったが、武士が戦いに出ることが多くなると、頭の頂を剃って息抜きとし、逆さに息をするというのでさかいきといった。兜の上部に穴があいているので、そこが空気抜けになった。

やがてさかいきを広く剃り、前頭部に剃りおろす習慣ができて月代《さかやき》となり、髷はすべて後方に集め、たぼを結った。これが女の髪形に移って、女も男のまねをしてたぼをつけだした。

男が頭の頂部を剃るかわりに、女は大きな輪のような髷を結い、それを立兵庫髷《たちひょうごわげ》とよんだ。

これがもとになって、江戸時代には島田髷などの約二百種もの女性の結髪の形が現われるにいたった。髪のたばをうしろに出すと、着物の襟《えり》の汚れを防ぐ必要があるので、女性は衣紋《えもん》抜きといって、うしろの襟を下げて着る風習となった。

また頭の左右にも鬢《びん》を張り、上に髷をつくるので、顔の上と左右とうしろの四面鑑賞の化粧としての髪形が完成した。これは世界でもひじょうにめずらしい髪形である。

しかもそのたぼは男髪のまねからはじまっていたのだから、日本髪はいわば男装の麗人から起こっていることになる。

また男装の麗人的な男性欲求の現象は、一部の職業婦人が、男の風俗であった羽織を着たことにも見られる。もともと羽織は、陣羽織、十徳《じっとく》、道服などの影響を受けてできた、江戸時代の男の外装であった。それをこんどは女もまねて着て、そうした風俗を〝おきゃん〟（お侠＝男のような女の意）とよんだ。

この風俗は主として江戸の深川、門前仲町の芸者から流行しはじめた。そしてこれにふさわしく冬も足袋を履《は》かず、素足で爪にマニキュアをした。羽織を着て男の姿をまねたので、名まえまで何吉とか何太郎という男名まえをつけて、男の形をした女ができた。

そうなると次には一般の女性もこれをまねた。深川の反対側の岸に住む蔵前の札差《ふださ》しの家の婦人が、女羽織という名で、羽織の着用をはじめたのである。

ちょうどそのころに明治維新となったので、地方から来た官吏の家の婦人もこれをまね、ついに日本の女羽織ができ上がった。

このように女性が羽織を着るのは、当初の男の身なりをする男装の麗人であったのに、いまはすっかりそれが忘れられている。

こうした例のように、風俗を分析して考えると、時代の好み、あるいは社会上の男女の地位などいろいろのことを表現していて、うっかり見逃せないだいじな一断面ということができよう。

とくに日本の髪形が世界でもっとも複雑に完成すると、櫛、年、かんざしなどの髪飾りを固定できるので、花魁、太夫のように全体である四キロ以上もある多数の髪飾りをつけて、およそ人間ばなれをしたような髪形の風習もできた。

町人文化が盛んとなり、貨幣経済が高まってきた中で、町人を中心として服装や装身具が華美になっていったが、その中にはからずも、女性の男性への憧れが一つの風俗をつくったことが知られて、たいへんおもしろい。

◆著者略歴

**樋口 清之**（ひぐち きよゆき）

奈良県生まれ。先祖が織田有楽斎の旧家。1932年國學院大學文学部国史学科を卒業。同大学文学部教授、名誉教授、同大学栃木短期大学学長を歴任。文学博士。
静岡県の登呂遺跡発掘をはじめ、考古学の黎明期に多大な業績を残す。専門の考古学、民俗学の世界では最高権威者の一人。マスコミ出演、講演活動など幅広く活躍し、豊富な知識に裏付けられ数々の著書にはファンも多い。1997年没。

**編集協力　歴史再発見研究会**

歴史好き、歴史オタクのメンバー集団。
編集者、ライターを中心に、出版社の要請で、学生やビジネスマンなど、男女関係なく参加する。その他の受験情報研究会や生活情報研究会などのメンバーもいる。

日本史探訪
もう一つの歴史をつくった女たち

2025年3月3日　初版第１刷発行

著　者　樋口 清之
発行者　池田 雅行
発行所　株式会社 ごま書房新社
〒167-0051
東京都杉並区荻窪4-32-3
AKオギクボビル201
TEL 03-6910-0481（代）
FAX 03-6910-0482
カバーイラスト　（株）オセロ 大谷 治之
DTP　海谷 千加子
印刷・製本　精文堂印刷株式会社


ISBN978-4-341-08873-6 C0021